가뭄의 단비 같은 에세이

당당하게 살자

| 김고창 지음 |

쿰란출판사

소중한 마음을 담아＿＿＿＿＿＿＿＿님께 드립니다.
　　　　　　　　　　＿＿＿＿＿＿＿＿드림

| 추천사 |

실버 세대를 위한 글이 아름답습니다

　김고창 박사의 수필집 《생각을 바꾸면 삶이 달라진다》의 추천사를 2015년에 써준 일이 있습니다. 이번에도 멋진 수고의 보람으로 실버 세대를 위한 에세이집을 출간하는 김 박사로부터 추천사를 부탁 받아, 함께 보내 준 원고를 단숨에 읽었습니다.

　원고를 대하는 나에게 큰 감명을 준 것은 전반적으로 실버들을 위한 글이라는 사실이었습니다. 필자는 교회 장로이면서 평생 의술을 통하여 많은 환자들을 진료하고 있는 실버 세대 의사입니다. 그는 의학박사이면서도 그간의 생활 가운데서 얻은 경험과 삶을 바탕으로 글을 써왔습니다. 이 글 속에 담긴 김 박사의 생각과 묵상은 실버들을 위한 값지고 참 아름다운 글들이었습니다.

　원고의 첫 장을 열면 바로 '실버의 기도' 두 편이 눈에 와닿음과 동시에 깊은 감명을 주었습니다. 저의 마음을 차분하게 가라앉혀 주었고 평안을 선물해 주었습니다.

　1부는 희망과 꿈의 나래를 펼치는 바람직한 실버의 삶을, 2부는 노후에 건강한 삶을 영위하기 위하여, 그리고 3부는 실버 시대를 보람 있게 보내기 위한 지혜로운 삶에 관해 이야기하고 있습니다. 그중에서도 '스트레스가 건강의 적이다'라고 쓰면서 '스트레스는 만병의 원인'임을 강조하고 있습니다. 또 살면서 피하기 힘든 스트레스를 지혜롭게 다룰 수 있는 방법도 필자는 이

책에서 소개하고 있습니다. 이와 함께 스트레스를 스스로 측정할 수 있는 스트레스 지수를 알기 쉽게 소개하며, 대처 방안까지 상세하게 소개해 줍니다. 더불어 실버 시대를 지혜롭고 알차게 잘 보내기 위한 생활 수칙과 매사에 긍정적인 마음과 생각을 갖는 것을 비롯하여 많이 웃고 칭찬을 많이 하라는 조언 등, 우리에게 필요한 일상생활의 지혜들을 알기 쉽게 전달해 주고 있습니다.

 이 책은 실버들이 읽고 또 읽어도 좋을 만큼 생활과 건강에 유익한 내용들이 아주 많습니다. 지친 삶에 활력이 필요할 때마다, 심신이 약해지려고 할 때마다, 그리고 생각이 날 때마다 언제든지 읽는다면 가뭄의 단비처럼 삶의 지혜를 얻는 데 많이 도움이 될 것입니다. 그래서 주저함 없이 김고창 장로님의 책을 적극 추천합니다.
 아울러 이 책은 실버의 삶에 필요한 유익한 내용들을 많이 담고 있는 귀중한 인생도서입니다. 21세기를 살아가는 실버라면 누구든지 한 번쯤은 꼭 읽어야 할 소중한 책이므로, 망설임 없이 이 책을 실버들에게 꼭 권하고 싶습니다.

2017년 늦가을
김순권(증경총회장, 시인)

| 머리말 |

　우리의 일생 가운데서 노년기를 흔히 인생의 황혼기, 시니어 시프트 시대, 혹은 실버 시대라고 말합니다.
　요즘 우리는 100세 시대에 살고 있습니다. 여러분은 지금 인생에서 어떤 생애주기를 보내고 계십니까? 그래서인지는 몰라도 유엔(UN)에서도 2015년 4월에 인간의 평균수명과 체력의 변화 등을 고려하여 인간의 생애주기를 5단계로 새롭게 정하여 발표했습니다.
　그 내용인즉 0~17세까지는 미성년자, 18~65세까지는 청년, 66~79세까지는 중년, 80~99세까지는 노년, 100세 이후는 장수노인으로 정의했습니다. 노년이길 거부하는 66~79세까지를 중년이라고 하고 있으니, 이는 요즘 흔히 말하는 100세 시대를 반영한 분류라고 생각됩니다. 큰 용기와 삶의 의욕을 고취시키는 유엔의 생애주기를 보면, 유행하는 말로 나이는 숫자에 불과한 것 같습니다.
　인생의 매운맛, 쓴맛 다 맛보고, 무엇이 정말로 좋고 소중한 지를 제대로 음미할 수 있는, 생각이 깊어지고, 행복이 무엇인지, 세상을 어떻게 살아야 하는지를 알게 되는 그런 때가 바로 실버 시대이고, 우리 삶의 제2 황금기입니다. 젊어서 못다 한 일들을 새롭게 시작하는, 마지막 성취와 결실을 향해 달려갈 수 있는 마지막 황금기의 삶을 사는 시기가 실버 시대입니다. 젊어서 힘들고 바쁘게 사느라 해보지 못했던 일들을 노력하면, 새롭게 해볼 수 있는 절호의 기회가 찾아오는 시기가 바로 실버 시대입니다.

실버가 성공적이고 행복한 노후생활을 보내기 위해서는, '인생 이모작'을 준비하는 와인 세대(인고와 성숙한 면모를 지닌 어른 세대인 4564세대)에 필요한 것들을 하나씩 착실히 준비하면서, 최선을 다해 슬기롭게 잘 대처해 나가야 한다고 생각합니다. 그렇게 하면 실버 시대를 당당하고 멋있게 보낼 수 있습니다.

혹자는 60세부터 인생의 제2 도약기 혹은 제2청춘을 구가하는 시기라고 말하기도 합니다. 실버 시대를 사는 우리는 제2의 도약기를 보내고 있는데, 감히 누가 함부로 인생의 노쇠를 이 나이에 논할 수 있겠습니까? 인생의 수레바퀴, 인생의 드라마가 어떻게 돌아갈지는 아무도 알지 못합니다. 그게 우리의 삶이고 인생 아닙니까? 지금 이 시간 60~70대를 보내고 있는 여러분께서는 인생의 제2 황금기를 누리고 계시니, 열심히 즐겁게 사십시오. 범사에 감사하고, 서로 아끼고 사랑하며, 넓은 마음을 가지고 신나게 사셔야 합니다.

그렇지만 노후에 찾아오는 인생의 마지막 황금기의 삶을 풍요롭게 지내려면, 힘과 여유가 조금이라도 남아 있을 때에 준비하는 것이 아주 현명한 일입니다. 노후를 소홀히 여기고 대비하지 못하면 큰 불행이나 낭패를 당하게 된다는 것을 사전에 알고 은퇴하기 전에 지혜롭게 잘 대처하시기를 부탁드립니다.

일찍 죽지 않는 이상, 누구나 만나는 인생의 소중한 과정이 노년기입니다. 당당하고 멋진 노후의 삶을 보내느냐? 아니면 자식들과 사회에 짐이 되는 귀찮은 존재로 살 것인가? 이는 노년이 되기 전에 본인 스스로 하기 나름이라는 것을 명심해야 합니다.

오늘 우리에게 닥친 노인의 복지문제, 고령화문제와 같은 모든 노인문제는 미래의 내 문제라는 생각을 갖고, 강 건너 불구경하듯 쳐다보지만 말고, 온 국민이 노인의 복지문제와 전반적인 노인문제에 대해 많은 관심을 가져주길 바랍니다. 지금이야말로 국가와 사회 차원의 대비와 준비가 절실한 때라고 생각합니다. 머지않아 다가올 초고령사회에 대비해서 유비무환의 정신을 갖고 노인에게 닥칠 모든 문제에 대한 철저한 사전 준비와 대비책을 국가와 사회가 빈틈없이 추구해 나가야 할 것으로 생각합니다.

시간이 흘러 나이를 먹게 되면 그 어느 누구를 막론하고 노인이 됩니다. 노인이 되면 육체적으로 쇠약해질 뿐만 아니라 정신적으로도 약해지는 시기입니다. 약해지면 노년의 행복은 날아가고 그 자리에 불행이 찾아오게 됩니다. 하오니 혼자서도 노후를 당당하게 잘 보낼 수 있도록 은퇴하기 전에 차근차근 준비를 잘 하시어 편안한 삶과 온화하고 멋진 실버들의 삶이 되시길 기대합니다. 아울러 우리 모두 범사에 감사한 삶을 살아가길 소망합니다.

    끝으로 이 수필집이 나오기까지 수고를 아끼지 않고 편집을 해주신 쿰란출판사 여러 분들께 깊이 감사를 드립니다. 바쁘신 가운데도 추천사를 기꺼이 써주신 김순권 목사님께 이 지면을 빌어 심심한 사의(謝意)를 표합니다.

2017년 늦가을
김 고 창

| 차 례 |

| 추천사 | 김순권(증경총회장, 시인) … 4
| 머리말 | … 6

1부
희망과 꿈의 나래를 펼치는
바람직한 실버의 삶

실버의 기도 1   16
실버의 기도 2   23
실버를 위한 기도 1   29
실버를 위한 기도 2   33
실버 세대를 현명하게 보내기 위한 지혜의 샘   37
품위 있는 실버 되기 위한 십계명   44

행복한 실버 시대를 보내기 위한 제언	50
당당하게 살기 위해 갖춰야 할 7가지 능력	58
부모님 살아 계실 때에 해드려야 할 몇 가지	65
10분의 여유가 가져다주는 교훈	75
자녀에게 바라는 어느 실버의 간절한 바람	81
실버들에게 슬픔이 많은 대한민국 Ⅰ, Ⅱ, Ⅲ	
Ⅰ. 노인의 날에 바란다 … 88	
Ⅱ. 노년에 찾아오는 4가지 고통 … 103	
Ⅲ. 대한민국 복지의 민낯 … 113	
내 인생에 저녁노을이 찾아오면	125

2부
노후에 건강한 삶을 영위하기 위하여

건강하게 장수하기 위한 가르침 10가지   **132**

건강하게 장수하기 위해 실버들에게 필요한 십계명   **138**

치매가 불치병만은 아니야   **143**

실버 시대의 수면 장애   **161**

과도한 스트레스는 건강의 적이다 Ⅰ, Ⅱ

    Ⅰ. 스트레스는 만병의 근원이다 … 171

    Ⅱ. 스트레스에 대처하는 방법 … 181

3부
실버 시대를 보람 있게 보내기 위한 지혜로운 삶

남은 인생 후회 없이 살다 가세!	192
남은 생을 보람 있게 보내려면	200
오늘의 삶과 인생을 즐기기 위하여	209
실버 시대를 행복하게 잘 지내기 위해 갖추어야 할 10가지	215
내가 먼저	222
황혼의 노을 앞에서 느끼는 인생 노트	226
실버 시대를 지혜롭고 알차게 보내기 위한 생활 수칙	230

1부
희망과 꿈의 나래를 펼치는 바람직한 실버의 삶

주님!
바라옵기는 젊은이들, 실버 세대들,
어린이들에게 많은 사랑을 나누어주고
사랑을 받는 그런 어른으로
여생을 즐겁고 행복하게 살아가도록
한없는 은총을 베풀어 주옵소서.

실버의 기도 1

주님!

주님께서는 제가 늙어 가고 있고, 언젠가는 정말로 늙어 버릴 것을, 저보다 잘 알고 계십니다. 저로 하여금 말이 많은 실버가 되지 않게 하시고, 특히 시도 때도 없이, 무엇이든지 한마디를 해야 한다고 참견하고 나서는, 아주 잘못된 버릇이 들지 않도록 도와주옵소서.

주님!

제가 다른 사람들과 대화할 때나 행동할 때에, 사사건건 트집을 잡거나 지나치게 간섭하지 않도록 주님께서 바르게 이끌어 주옵소서. 저를 사려가 깊게 하시되, 젊었을 때처럼 유머나 조크(joke)도 잘하는 실버 시대를 보내게 하여 주옵소서. 남에게 도움을 주되 공치사가 되지 않고, 상대방이 고마움을 느낄 수 있도록 배려를 많이 하는 그런 사람이 되게 하옵소서.

주님!

실버가 되어 말벗이 되고 오순도순 대화를 나눌 만한 다정한 친구가 몇 명은 내 곁에 있게 하여 주옵소서. 그런데 친구와 대화 중에 끝도 없이 자기 혼자서 조리가 안 닿는 말로 중언부언하지 않게 하시고, 곧장 핵심적인 내용을 얘기하는 순발력과 지혜의 창을 허락해 주옵소서. 친구와 다른 사람들의 아픔과 고통에 대한 얘기를 들을 때에, 최소한의 아량과 인내심을 갖고 조금은 참으면서, 기꺼이 들어줄 수 있는 열린 마음과 선한 마음의 소유자가 되게 하소서.

주님!

나이 들어 나의 기억력을 좋게 해주시라고 감히 주님께 청할 수는 없지만, 저에게 겸손한 마음을 허락해 주시어, 저의 기억이 다른 사람의 기억과 부딪칠 때에 나의 기억이 혹시나 잘못되지는 않았나 생각하게 하옵소서. 나의 기억도 틀릴 수 있사오니, 이를 우기지만 말고 바로잡을 수 있는 용기와 지혜를 더하여 주옵소서. 고집불통이거나 심술궂은 실버가 되지 않도록 주님께서 도와주옵소서. 그리하여 조금이라도 곱게 늙기를 힘쓰는 실버가 되게 하시고, 남은 노년의 인생을 멋있고, 즐겁게 잘 꾸려 나가도록 주께서 도와주옵소서.

주님!

나이를 먹을수록, 나이가 들어갈수록, 매사에 긍정적인 마인드(mind)를 갖고, 항상 관대하고 너그럽고 인자한 모습으로 타인을 대하게 하옵소서. 나의 머릿속과 마음속에 비난과 불평불만의 씨앗들이 자라지 못하게 하옵소서. 그 대신 많이 웃고 늘 웃는 낯으로 사람들을 대하게 하시고, 칭찬을 많이 하여 멋지고 아름다운 실버의 시간을 기쁘고 즐겁게 보내도록 주님께서 도와주옵소서. 입은 닫을수록 좋고 지갑은 열수록 환영을 받습니다. 남의 말을 많이 듣고, 조금만 말하면서 남은 날들의 인생을 즐길 수 있도록 주님께서 올곧게 이끌어 주옵소서.

주님!

항상 미소를 머금은 기분 좋은 얼굴에 즐겁고 편안한 마음을 가지려고 부단히 노력하게 하옵소서. 누군가를 대할 때에는 감사의 말로 시작하고, 그들에게 힘이 되는 격려와 칭찬을 되도록 많이 할 수 있도록 주님께서 인도해 주옵소서. 뭐니 뭐니 해도 건강이 제1의 재산입니다. 건강을 잃으면 모든 것을 잃습니다. 건강을 위해서 최소한 일주일에 3회 이상, 30분씩 운동하고, 특히 걷기와 자전거 타기와 같은 유산소 운동을 할 수 있도록 근면 성실한 자세를 허락해 주옵소서.

주님!

노후에는 신앙생활을 하면서, 남에게 사랑과 자비를 베푸는 삶을 살아가게 하옵소서. 성경에 기록된 하나님의 말씀은 우리의 행복을 위해 준비된 하늘의 양식입니다. 그 말씀대로 행하며, 그 말씀대로 사는 것이 우리의 참된 행복임을 깨닫게 하여 주옵소서.

주님!

책 읽기, 일기 쓰기와 같은 작은 일에 크게 기뻐하고, 하루하루를 범사에 감사하며 살아가도록 바르게 인도해 주옵소서. 책 속에는 삶에 필요한 각종 지식과 지혜의 보고가 가득합니다. 독서를 하면 세로토닌이라는 행복 호르몬의 분비를 촉진시키고, 두뇌 활동을 자극해서 치매를 예방하는 데 도움을 주게 되니 이를 실천에 옮기게 하여 주옵소서.

주님!

저의 눈이 점점 침침해지고 어두워지는 건 어쩔 수 없겠지만, 저로 하여금 뜻하지 않은 곳에서 선한 것을 보고, 뜻밖의 사람에게서 좋은 재능을 빨리 발견하는 능력을 주옵소서. 그리고 그들에게 그것을 선뜻 말해 줄 수 있는 선하고 아름다운 마음을 주옵소서.

주님!

나이가 들어갈수록, 나이를 먹을수록, 부질없고, 쓸데없는 지나친 욕심과 노욕과 아집을 버리고, 웬만한 것은 그러려니 하고 양보하는 차원에서 포기할 줄 아는 지혜와 현명함을 허락해 주옵소서. 그런 가운데 나눔과 봉사와 베풂의 삶을 즐길 수 있도록 주님께서 우리의 잘못된 생각을 바르게 고쳐 주옵소서.

주님!

바라옵기는 젊은이들, 실버 세대들, 어린이들에게 많은 사랑을 나누어주고 사랑을 받는 그런 어른으로 여생을 즐겁고 행복하게 살아가도록 한없는 은총을 베풀어 주옵소서.

이 모든 말씀을 주님께 의탁하옵고, 우리의 구원자이시며 우리의 생명을 지켜주시는 우리 주 예수 그리스도의 이름으로 간절히 기도드립니다. 아멘.

"늙은 남자로는 절제하며 경건하며 신중하며 믿음과 사랑과 인내함을 온전하게 하고 늙은 여자로는 이와 같이 행실이 거룩하며 모함하지 말며 많은 술의 종이 되지 아니하며 선한 것을 가르치는 자들이 되고"(딛 2:2-3).

"선한 양심을 가지라"(벧전 3:16).

"무릇 더러운 말은 너희 입 밖에도 내지 말고 오직 덕을 세우는 데 소용되는 대로 선한 말을 하며 듣는 자들에게 은혜를 끼치게 하라"(엡 4:29).

"웃음을 네 입에, 즐거운 소리를 네 입술에 채우시리니"(욥 8:21).

"교만이 오면 욕도 오거니와 겸손한 자에게는 지혜가 있느니라"(잠 11:2).

"친구는 사랑이 끊어지지 아니하고 형제는 위급한 때를 위하여 났느니라"(잠 17:17).

"누구든지 자기를 높이는 자는 낮아지고 누구든지 자기를 낮추는 자는 높아지리라"(마 23:12)

"나는 마음이 온유하고 겸손하니 나의 멍에를 메고 내게 배우라 그리하면 너희 마음에 쉼을 얻으리니"(마 11:29).

"타인이 너를 칭찬하게 하고 네 입으로는 하지 말며 외인이 너를 칭찬하게 하고 네 입술로는 하지 말지니라"(잠 27:2).

"선을 행하고 선한 사업을 많이 하고 나누어주기를 좋아하며 너그러운 자가 되게 하라"(딤전 6:18).

"악에서 떠나 선을 행하라 그리하면 영원히 살리니"(시 37:27).

"오직 각 사람이 시험을 받는 것은 자기 욕심에 끌려 미혹됨이니 욕심이 잉태한즉 죄를 낳고 죄가 장성한즉 사망을 낳느니라"(약 1:14-15).

"건강한 자에게는 의사가 쓸 데 없고 병든 자에게라야 쓸 데 있느니라"(마 9:12).

실버의 기도 2

　우리의 생명을 보호해 주시는 주님!
　자비롭고 은혜가 풍성하신 주께서 우리를 긍휼히 여기시어, 지금까지 아무런 탈 없이 살도록 인도해 주셨을 뿐만 아니라 남은 생을 건강하게 즐기게 하시니 감사를 드립니다.

　우리에게 안식을 주시는 주님!
　나이가 들어 감에 따라 당신의 품 안에 안길 날도 그리 멀지 않은 것 같습니다. 근심, 걱정 무거운 짐 아니 진 자 누구인가? 시험, 괴롬 없는 사람 누구인가? 주님! 이제 이 무거운 짐을 다 내려놓게 하시고, 이 세상의 근심, 걱정 모두 다 우리의 죄 짐 맡은 주께 맡기게 하여 주옵소서. 남은 인생 안식을 누리며, 기쁘고 즐겁고 행복하게 살아가게 인도해 주옵소서.

지난날을 되돌아보게 하시는 주님!

　지난날을 돌이켜보면 주님의 뜻을 따른 적도 있었으나, 나의 생각과 판단대로만 처신한 경우가 훨씬 더 많았습니다. 주님의 용서를 구하오니 사죄의 은총을 베풀어 주옵소서. 생업에 종사할 때나 생활 속에서 주위 사람을 대할 때에, 이기적이고 독선적인 생각에 사로잡혀 주님의 자녀답게 살지 못했음을 깊이 성찰하고 송구스럽게 생각합니다. 지난날 저희의 구원과 주님의 영광을 위하여 제대로 기도하지 못했습니다. 이제 늦게나마 주님의 뜻을 받들고 주님의 영광을 드러나게 해주시어, 저희에게도 구원의 은총을 베풀어 주옵소서.

　우리를 항상 바른 길로 인도해 주시는 참 좋으신 주님!

　우리가 나이를 먹을수록, 나이가 들어갈수록, 여러 사람을 대할 때에 나의 생각이 비록 옳더라도 나의 주장만을 고집하지 않게 하시고, 그로 인한 교만함과 거만함이 드러나지 않게 하옵소서. 나보다 남을 먼저 생각하게 하시고, 마음 문을 활짝 열게 하시어, 소통을 잘하면서 남의 말을 끝까지 경청하게 하소서. 세상을 살아가면서 가장 훌륭한 지혜는 겸손과 친절인 줄로 알고 있습니다. 겸손이야말로 모든 덕의 어머니로 생각되오니, 이를 생활 속에서 실천하면서 올곧게 살아가도록 바르게 인도해 주옵소서.

우리를 선한 길과 진리의 길로 올곧게 인도하시는 주님!

타인에게 마음의 짐이 되는 말로 상처를 주지 않고 살아가게 하옵소서. 비록 아픔과 고통이 따르는 삶일지라도 감사하는 마음으로 살게 하시고, 그 안에서 좋은 것만 생각하게 하시고, 건강과 기쁨을 주시어 나보다 남을 돌볼 수 있는 선한 사람으로 살아가게 하옵소서. 살아가면서 만에 하나라도 시련과 어려움이 따를지라도 변함없는 마음으로 더 많은 사람들을 아끼고, 사랑하고, 베풀면서 살게 하시고, 후한 인심으로 주위와 이웃을 챙기면서 돌볼 수 있는 열린 마음과 여유 있는 마음을 허락해 주옵소서.

주님!

부모님의 축복을 받으며 울음소리와 함께 이 세상에 온 저희들입니다. 그동안 살아오면서 온갖 풍상을 다 겪으면서, 정을 주고받으며 더불어 살다가, 생명이 다하는 그날, 슬픔과 고통 없이 천국으로 가게 하여 주옵소서. 하늘나라에 가는 그날은 이 세상의 모든 것을 송두리째 버리고, 빈손과 빈 마음으로 떠나기를 약속하고 왔나니, 내 삶의 시간이 멈추거든 그림자가 사라지듯 말없이 살며시 천국으로 떠나게 하여 주옵소서. 짧은 듯 여겨지는 이 세상을 살아가면서, 희로애락이 공존해왔던 생애였나니 이 세상의 모든 인연들과 맺어온 아름답고 소중한 추억들이, 허락이나 예정 없이 떠나는 그날에 외로움으로, 슬픔으로 다가가지 않게 하여 주옵소서.

　우리의 생로병사를 주관하시는 주님!
　바라옵기는 지난 밤 잠자리에 들었던 것처럼 말없이 가고 보내는, 그런 이별이 되게 하옵소서. 아울러 사랑하는 나의 가족들이 슬픔과 외로움을 잊고, 이 세상의 삶을 더욱 알고 깨달아 보람차고 굳건히 살아갈 수 있는 지혜와 용기를 더하여 주옵소서. 생활해 나가면서 수도 없이 희로애락을 접하게 되는 이 세상에서, 마지막 소망을 멋지고 아름답게 장식하고 미련 없이 떠나가게 하여 주옵소서.

　이 모든 말씀을 주님께 의탁합니다. 우리의 기도를 들어주시고, 우리와 항상 함께하시고, 사랑해 주시고, 능력이 많으신 예수 그리스도의 이름으로 간절히 기도합니다. 아멘.

"쉬지 말고 기도하라"(살전 5:17).

"긍휼히 여기는 자는 복이 있나니 그들이 긍휼히 여김을 받을 것임이요"(마 5:7).

"내 마음의 근심이 많사오니 나를 고난에서 끌어내소서"(시 25:17).

"수고하고 무거운 짐 진 자들아 다 내게로 오라 내가 너희를 쉬게 하리라"(마 11:28).

"그러므로 염려하여 이르기를 무엇을 먹을까 무엇을 마실까 무엇을 입을까 염려하지 말라"(마 6:31).

"그러므로 내일 일을 위하여 염려하지 말라 내일 일은 내일이 염려할 것이요 한 날의 괴로움은 그날로 족하니라"(마 6:34).

"내가 온 것은 세상을 심판하려 함이 아니요 세상을 구원하려 함이로라"(요 12:47).

"오직 나는 가난하고 슬프오니 하나님이여 주의 구원으로 나를 높이소서"(시 69:29).

"우리 각 사람이 이웃을 기쁘게 하되 선을 이루고 덕을 세우도록 할지니라"(롬 15:2).

"교만은 패망의 선봉이요 거만한 마음은 넘어짐의 앞잡이니라"(잠 16:18).

"그가 모태에서 벌거벗고 나왔은즉 그가 나온 대로 돌아가고 수고하여 얻은 것을 아무것도 자기 손에 가지고 가지 못하리니"(전 5:15).

"의인의 소망은 즐거움을 이루어도 악인의 소망은 끊어지느니라"(잠 10:28).

"악에게 지지 말고 선으로 악을 이기라"(롬 12:21).

실버를 위한 기도 1

　힘든 자를 긍휼히 여기시고, 위로해 주시며 격려해 주시는 참 좋으신 주님!

　어르신들은 경제적으로 매우 어려운 시기에 대한민국에서 태어나, 해방된 기쁨을 잠시 누리다가, 일제의 강점기보다 더 가슴 아픈 동족상잔의 참혹한 비극인 6·25전쟁을 겪으셨습니다. 그 전쟁 후에 불어닥친 힘들고 어려웠던 보릿고개를, 어르신들은 허리띠를 졸라매고 배고픔을 참아가면서 잘도 넘기셨습니다. 그 후 도래한 경제발전 도약 및 산업화 시기에도 고되고 험한 생활을 묵묵히 이기어 내셨던 장한 우리의 아버님들과 어머님들입니다. 주님께서 그분들을 긍휼히 여기시어 그간의 삶을 따뜻하게 위로해 주시고, 지치고 상처받은 그분들의 마음을 따뜻하게 어루만져 주옵소서.

참으면서 인고의 세월을 보내게 해주신 주님!

그간 모든 역경을 인내하시면서 살아오는 과정 중에, 그저 앞만 쳐다보고 땀에 젖어 일과 생계와 자녀들의 교육에만 매달리셨습니다. 나이를 먹는 줄도 모르고, 힘든 내색조차 전혀 하지 않으시며, 꽃다운 청·장년기를 송두리째 보내셨습니다. 모진 세월 속에 백발이 성성하게 되었고, 이마엔 인고의 세월을 대변하는 주름살이 완연하지만, 지금은 자상하고 자애로운 눈빛과 미소를 머금은 겸손한 모습으로 바뀌셨습니다. 그동안 고단한 삶을 무리 없이 살아오신 우리의 장한 아버님들과 어머님들께 주님께서 건강과 장수의 축복을 듬뿍 내려 주옵소서.

사랑이 많으신 주님!

숱한 세월의 흐름 속에, 아무런 탈 없이 살아오면서, 어느덧 실버 시대를 보내는 어르신들께서, 두 손을 모아 정성껏 기도하는 굵은 손마디와 구부정하게 휜 허리와 아픈 팔다리에, 그간의 노고를 위한 위로와 격려를 주님께서 많이 해주옵소서.

건강과 장수를 이루어 주시는 주님!

이제 실버 시대를 맞이하신 어르신들이 자녀들에 대한 모든 근심과 걱정을 모두 다 내려놓게 하옵소서. 오직 주님 한 분만을 찬양하는 가운데 아름답고 성숙한 삶을 이어 가도록 성령께서 함께하여 주옵소서. 아울러 주께서 그들에게 건강과 장수와 행복과 자비의 은총을 듬뿍 베풀어 주옵소서.

　사랑과 능력이 많으신 주님!
　멀리 계신 부모님을 대신하여 교회에서 자주 뵙는 어르신들을 신앙의 아버지와 어머니로 모시고, 주님의 자녀로서 걸어가야 할 좁은 문을 향하여, 자기를 부인하고 자기 십자가를 짊어지고, 바르게 걷고 생각하고 행동하면서 생활할 수 있도록, 저희에게 단비와 같은 은혜의 생명수와 자비의 은총을 베풀어 주옵소서.

　이 모든 말씀을 주님께 의탁하옵고, 우리의 생명을 지켜 주시고 우리의 소망을 이루어 주시는 예수 그리스도의 이름으로 간절히 기도합니다. 아멘.

"우리 주 예수 그리스도와 우리를 사랑하시고 영원한 위로와 좋은 소망을 은혜로 주신 하나님 우리 아버지께서 너희 마음을 위로하시고 모든 선한 일과 말에 굳건하게 하시기를 원하노라"(살후 2:16-17).

"우리의 모든 환난 중에서 우리를 위로하사 우리로 하여금 하나님께 받는 위로로써 모든 환난 중에 있는 자들을 능히 위로하게 하시는 이시로다"(고후 1:4).

"애통하는 자는 복이 있나니 그들이 위로를 받을 것임이요"(마 5:4).

"세월을 아끼라 때가 악하니라"(엡 5:16).

"너희가 노년에 이르기까지 내가 그리하겠고 백발이 되기까지 내가 너희를 품을 것이라 내가 지었은즉 내가 업을 것이요 내가 품고 구하여 내리라"(사 46:4).

"너희 염려를 다 주께 맡기라 이는 그가 너희를 돌보심이라"(벧전 5:7).

"내 마음의 근심이 많사오니 나를 고난에서 끌어내소서"(시 25:17).

실버를 위한 기도 2

　우리의 선한 목자가 되시는 주님!
　실버들이 주님만 바라보고 의지하며, 주의 인도하심을 따라 살게 하시고, 인생살이의 굽이굽이마다 항상 우리 주님과 함께 동행하며 살게 하여 주심에 감사를 드립니다.

　우리의 삶을 주관하시는 주님!
　우리 인간의 모든 육체는 들판의 풀과 같고, 그 모든 영화는 아침에 꽃이 피었다가 저녁에 시드는 풀의 꽃과 같다고 했습니다. 시간이 지나면 풀이 마르고 꽃이 시드는 것처럼, 나이가 들어감에 따라 어르신들의 기력도 예전만 못하고, 점차 쇠약해지고 연약해질 수밖에 없습니다. 혹자는 우리 인생을 안개와 같이 덧없는 존재라고 말합니다. 즉 우리 인생을 잠깐 보이다가 없어지는 안개와 같은 존재라고 표현하고 있습니다. 이처럼 우리는 안개나 들판의 풀과 같은 존재일진대, 이 세상을 사는 동안 헛된 욕망, 부질없는 욕심이나 아집에 사로잡혀 살지 말고, 오직 주의 뜻을 따르고 적극적이고 보람차게 선한 일과 주께서 원하시는 일을 행하여, 기쁨과 즐거움을 누리면서 살아갈 수 있도록 올곧게 인도해 주옵소서.

실버들에게 새로운 노년의 시기를 주신 주님이시여!
주님께서 어르신들을 이 땅에 보내셔서 많은 날들을 은혜 가운데 지내게 하셨습니다. 그런 가운데 어르신들에게 주신 자녀들은 다 장성하여 그들의 삶의 터전과 둥지를 만들어 떠났습니다. 이제 실버들에게 노년기라는 새로운 인생의 시기를 맞이하게 하여 주시니 감사를 드립니다. 그들이 보람 있고 뜻깊은 실버의 시간을 알차게 보낼 수 있도록 주님께서 도와주시길 간절히 원합니다.

노후의 생활에 새로운 활기와 힘을 주시는 주님!
실버 시대에 접어들면서 어르신들은 은퇴와 더불어 경제력은 조금씩 뒤처지고, 육신의 몸은 날이 갈수록 조금씩 쇠잔하여 연약해지기도 하고, 병이 들기도 합니다. 이렇듯 세월을 이기는 장사는 없지만, 세월의 흐름과 관계없이 변함없는 주님의 사랑으로 실버를 대하여 주심을 잊지 않게 하시고, 육체의 힘이 점점 약해질수록 그들의 영혼은 주님의 보살핌으로 말미암아 더욱 생기를 발하여 새로워지게 하여 주옵소서.

시간을 지배하시고 다루시는 주님!

"우리의 연수가 칠십이요 강건하면 팔십이라도 그 연수의 자랑은 수고와 슬픔뿐이요 신속히 가니 우리가 날아가나이다"(시 90:10)라고 시편의 기자는 세월이 화살처럼 빠르게 지나감과 인생의 무상함을 지적했습니다. 화살처럼 빠르게 지나가는 시간과 세월의 흐름 속에서, 천년이 하루와 같다고 해도 하루를 천년과 같이 살아가는 지혜를 주옵소서.

실버들에게 새 힘을 주시는 주님!

나이가 들어감에 따라 육신이 쇠약해진 어르신들에게 주님의 크신 능력으로 다시금 힘을 얻게 하시고, 그 마음에 복을 가져오는 시온의 대로가 있게 하옵소서. 그 마음에 평온함과 평강이 깃들게 하여 주시길 원하고 바라옵나이다. 비록 겉사람은 노쇠할지라도 속사람은 날마다 새롭게 하시어, 여생을 행복하고 즐거움과 기쁨 가운데 살아가게 인도하여 주옵소서.

이 모든 말씀을 주님께 의탁합니다. 우리의 생명을 지켜 주시는 참 좋으신 예수 그리스도의 이름으로 간절히 기도합니다. 아멘.

"인생은 그날이 풀과 같으며 그 영화가 들의 꽃과 같도다"(시 103:15)

"내일 일을 너희가 알지 못하는도다 너희 생명이 무엇이냐 너희는 잠깐 보이다가 없어지는 안개니라"(약 4:14).

"내 날이 기울어지는 그림자 같고 내가 풀의 시들어짐 같으니이다"(시 102:11).

"사람은 헛것 같고 그의 날은 지나가는 그림자 같으니이다"(시 144:4).

"여호와여 나의 종말과 연한이 언제까지인지 알게 하사 내가 나의 연약함을 알게 하소서"(시 39:4).

"네 아버지와 어머니를 공경하라 이것이 약속이 있는 첫 계명이니 이로써 네가 잘되고 땅에서 장수하리라 또 아비들아 너희 자녀를 노엽게 하지 말고 오직 주의 교훈과 훈계로 양육하라"(엡 6:2-4).

"온유한 자는 복이 있나니 그들이 땅을 기업으로 받을 것임이요 의에 주리고 목마른 자는 복이 있나니 그들이 배부를 것임이요"(마 5:5-6).

"이르시되 내가 반드시 너에게 복 주고 복 주며 너를 번성하게 하고 번성하게 하리라"(히 6:14).

실버 세대를 현명하게
보내기 위한 지혜의 샘

　실버 세대 친구들이여!
　나이가 들게 되면, 어떤 일이든지 나서거나 설치지 말고, 짜증나는 소리, 잔소리, 군소리, 미움받는 소리, 우는 소리, 헐뜯는 말 따위는 하지 말고 그저 남의 일에 칭찬만 하시오. 누가 묻거든 가르쳐 주기는 하되, 알면서도 모르는 척하고, 모르면서도 적당히 아는 척하며, 어수룩하게 지내시오. 그렇게 사는 것이 편하고 아주 좋은 것으로 여기시오.

　실버 세대여!
　상대방을 꼭 이기려 들지 말고, 적당히 져 주시구려. 한 걸음이나 한 발쯤 물러서서 양보를 하는 것이 지혜롭고 현명하게 실버 세대를 살아가는 비결이랍니다.

실버 친구들이여!

재물에 대한 욕심, 특히 돈에 대한 욕심을 버리시구려. 돈을 많이 가진 부자라 해도 죽을 때에 한 푼도 가져갈 수 없는 것이 돈이라오. 많은 돈과 재산을 남겨서 그로 인해 자식들이 싸움을 하는 일이 없도록 해야 하며, 그 어른은 참으로 좋은 분이었다고 사람들의 입에 오르내리도록, 살아 있는 동안에 음덕을 많이 베풀어 산더미와 같은 덕을 쌓으시구려.

실버 세대여!

그렇지만 그것은 단지 겉 이야기일 뿐이오. 무일푼으로 남으라는 말이 아니니 새겨 들으시오. 죽을 때까지 경제적으로 독립할 수 있어야 하니, 정말로 그 돈을 놓지 말고, 죽을 때까지 꼭 갖고 있으시구려. 남들로부터 구두쇠나 자린고비라는 소리를 들을지언정, 수중에 돈이 있어야만 내가 나를 챙기고 남들이 받들어 모셔 준다는 사실을 알아야 하오. 우리끼리 말이지만, 이것이 엄연한 사실이고 현실이라오.

실버 세대 친구들이여!

다정한 옛 친구를 만나면 식사 대접을 하면서 회포를 풀고, 불쌍한 이웃을 보면 베풀어 주고, 손주를 보면 용돈 한 푼 줄 돈이 수중에 있어야만 늘그막에 내 몸을 돌봐 주고 받들어 준다오. 우리끼리 이야기지만, 이것이 엄연한 현실이고 사실이라는 것을 깨닫고 실천하셔야 하오.

실버 세대여!
젊었을 때에 잘나갔던 생각과 지난날의 언짢았던 일은 모두 다 잊고, 제발 잘난 체나 자기 자랑을 절대로 하지 마시오. 시간의 흐름이 번개처럼 빠르니 어제의 청춘이 오늘의 백발로 변하는 그 세월을 어느 누가 잡을 수 있겠소? 우리의 시대는 지나가고 있으니, 우리의 말을 귀담아 들을 이가 그 어디에 있겠소? 제아무리 버티려고 용을 쓰고 발버둥을 쳐봐도, 화살처럼 지나가는 세월을 내 마음과 뜻대로 붙잡을 수가 없나니. 젊은이들은 뜨는 해고, 우리는 지는 해로 생각하시오. 우리는 석양을 물들이고 저물어갈 뿐이오. 그렇게 여기고 편안한 마음으로 지내시구려. 그렇게 마음먹고 행동하면 멋있고 재미있는 실버 시대를 구가할 수 있다고 생각하오.

실버 세대여!
내 자녀, 내 손주 그리고 이웃의 누구에게나 호인으로, 인자하고 후덕한 어르신으로, 존경받는 노인으로 사시구려. 그리고 나이 들어 누구에게나 미련하다거나 멍청하다는 소리를 들으면 아니 되니, 나이 들었지만 신지식과 정보를 열심히 배우시구려. 아파도 아니 되며, 넘어지거나 낙상하지도 말고, 더더군다나 치매에 걸려도 안 되오. 그렇게 되면 괄시받고 천덕꾸러기

신세가 된다오. 아무쪼록 무탈하고 건강하게 오래오래 장수하시구려.

실버 세대여!
나만의 자그마한 휴식 공간을 마련하고, 그곳에서 쉬면서 부지런히 책도 읽고, 신문도 읽고, 일기도 쓰면서 사색의 시간을 가져 보시오. 독서를 하면 행복 호르몬인 세로토닌의 분비를 촉진시키고, 두뇌 활동을 자극해서 치매를 예방하는 데 도움을 준다오. 건강을 위하여 유산소 운동을 하되, 특히 매일 많이 걷고 부지런히 몸을 많이 움직이시구려. 그런 가운데 신나고, 재미있고, 즐겁고, 건강하게 오래오래 사시길 기도하겠소.

실버 친구들이여!
자식들이 있다지만, 저희들 사노라고 마음은 있어도 멀어지는 것이 자식이오. 그리고 자식은 절대로 노후 보험이 아니며, 자식이 무엇인가 해주기만 바라지 마시오. 실버들이여! 이 말을 흘려듣지 말고 명심하소서. 차라리 깊은 우정으로 맺어진 친구가 때로는 자식보다 더 좋을 때가 있다는 것을 염두에 두고 기억하시오.

실버 시대를 보내고 있는 사랑하는 친구들이여! 보고픈 친구들이여!

오래토록 뜻있고 보람 있게 살기 위해서, 독서와 한 가지 이상의 취미생활에 정열을 쏟아붓고, 신앙생활을 하면서 범사에 감사하며 사시길 간절히 바란다오. 편안하고 여유로운 마음가짐으로, 항상 미소를 머금고, 유유자적하면서 멋있고 즐거운 노년을 보내다가, 때가 되면 웃으면서 이 세상을 떠나갈 수 있도록 마음을 비우고 사시오. 그게 그리 쉬운 일은 아니지만, 그렇게 사는 것이 편하고, 아주 좋은 것으로 여기고 받아들이시오. 어차피 아니 마침내 우리 인생은 빈손으로 왔다가 빈손으로 돌아가게 되어 있다는 것을 아시고, 남은 생을 신나고, 재밌고, 행복하고, 건강하게 보내시기를 간절히 소망하오.

"무릇 더러운 말은 너희 입 밖에도 내지 말고 오직 덕을 세우는 데 소용되는 대로 말을 하여 듣는 자들에게 은혜를 끼치게 하라"(엡 4:29).

"유순한 대답은 분노를 쉬게 하여도 과격한 말은 노를 격동하느니라"(잠 15:1).

"타인이 너를 칭찬하게 하고 네 입으로는 하지 말며 외인이 너를 칭찬하게 하고 네 입술로는 하지 말지니라"(잠 27:2).

"서로 대접하기를 원망 없이 하고"(벧전 4:9).

"돈을 사랑함이 일만 악의 뿌리가 되나니 이것을 탐내는 자들은 미혹을 받아 믿음에서 떠나 많은 근심으로써 자기를 찔렀도다"(딤전 6:10).

"돈은 범사에 이용되느니라"(전 10:19).

"선을 행하고 선한 사업을 많이 하고 나누어주기를 좋아하며 너그러운 자가 되게 하라"(딤전 6:18).

"외인에게 대해서는 지혜로 행하여 세월을 아끼라"(골 4:5).

"건강한 자에게는 의사가 쓸데없고 병든 자에게라야 쓸 데 있느니라"(마 9:12).

"누구든지 자기 친족 특히 자기 가족을 돌보지 아니하면 믿음을 배반한 자요 불신자보다 더 악한 자니라"(딤전 5:8).

"네 아버지와 어머니를 공경하라 이것은 약속이 있는 첫 계명이니 이로써 네가 잘되고 땅에서 장수하리라"(엡 6:2-3).

"범사에 감사하라"(살전 5:18).

"우리가 세상에 아무것도 가지고 온 것이 없으매 또한 아무것도 가지고 가지 못하리니"(딤전 6:7).

품위 있는 실버 되기 위한 십계명

1. 건강을 챙기자.

인생에 있어서 가장 중요한 조건이며, 실버의 품위를 지키기 위한 가장 중요한 조건이 바로 건강이다. 젊었을 때부터 올바른 생활 습관과 식생활 습관으로 건강을 잘 관리하고 유지하도록 노력을 하자.

2. 항상 외모와 용모를 단정히 하자.

실버가 될수록 몸가짐을 단정히 해야 한다. 그리고 옷도 깨끗하고 좋은 것으로 입고, 몸에서 냄새가 나지 않도록 매일 목욕하고 청결 유지에 힘써야 한다.

3. 남의 말은 경청하되, 자기 말은 조금만 하자.

요즈음 젊은이들은 컴퓨터 등 각종 첨단 기기를 이용해서 자신의 지적 영역을 넓혀 가고 있다. 이런 점에서 젊은이들과 대화하면서 많이 듣고 항상 배우는 자세를 갖도록 노력하자.

4. 자녀, 친척, 주위 사람들 누구에게나 부담을 주는 실버가 되지 말자.

실버가 되면 대부분이 경제적으로 독립하거나 경제적 여력이 별로 없게 된다. 그러므로 실버 세대의 자식, 일가친척, 이웃들에게 부담을 주지 않기 위해서는 젊었을 때부터 근검절약하고 저축하는 습관을 길러야 한다. 아울러 이를 잊지 말고 적극적으로 실천해야 한다. 그래야만 실버 시대가 안정되고 편한 법이다.

5. 인자하고 관대하며 낙천적인 성격을 갖도록 노력하자.

실버가 되면 대개 인자하고 관대하고 낙천적인 성격으로 변하는데, 이와 반대로 편협하고 이기적이고 부정적이고 배타적인 성격으로 변하는 어른도 있다. 이런 분은 품위 있는 어르신으로 대접을 받을 수 없다. 살면서 무엇인가 아쉬움이 많고 불만족스러워도 항상 그러려니 하고 관대한 모습을 보이며, 기분이 나쁠 때나 언짢을 때에도 너그럽게 웃는 여유를 보여야 한다고 생각한다.

6. 언제나 새로운 것을 배우고 다듬어서 낙후되지 말자.

최근엔 자고 일어나면 변하는 세상이라고 해도 과언이 아니다. 이처럼 급변하는 세상에서 뒤지지 않기 위해서는 새로운 것을 배우고 익히는 노력을 게을리 해서는 안 된다. 시대에 뒤떨어지지 않는 어른이 되기 위해서 부지런히, 부단히 배우도록 노력하자.

7. 욕심과 아집을 버리고 자기를 내세우지 말자.

나이가 들면 자칫 인색해지거나 욕심과 아집과 고집이 늘고, 자기를 내세워야만 자기의 위치가 높아진다고 착각하는 사람들이 있다. 이는 착각 중에서도 대단한 착각이다. 그렇게 처신하면 품위가 없는 인색하고 고집 센 노인네 취급만 받는다는 것을 기억하고 명심하자.

8. 매사에 신중히 행동하자.

나이가 들수록 인지능력과 판단능력이 뒤떨어지게 된다. 따라서 매사에 조급해 하거나 서두르지 말고, 행동을 신중히 해야 한다.

9. 나눔과 베풂과 봉사 활동을 많이 하자.

작은 것이라도 나누고 베풀며 살아야 한다. 사람은 나누고 베풀며 봉사할 때에 기쁨과 즐거움을 느끼는 법이다. 나눔과 봉사 활동을 잘하는 어른은 존경받고 행복한 여생을 보내며 즐길 수 있다.

10. 언제나 미소를 잃지 말고, 매사에 감사한 마음으로 살자.

우리 부모 세대는 대부분 엄격하고 경로효친을 강요받은 환경에서 자란 탓에, 유머 감각이 별로 없고 딱딱한 태도가 몸에 배어 있다. 그렇지만 시대가 변한 만큼 생활 속에서 언제나 웃음을 띠고 자애롭고 온화한 모습을 보여야 한다. 항상 미소 짓는 얼굴로, 매사에 감사하는 마음가짐으로 살면, 여생을 즐겁고 행복하게 보낼 수 있다.

"사랑하는 자여 네 영혼이 잘됨같이 네가 범사에 잘되고 강건하기를 내가 간구하노라"(요삼 1:2).

"건강한 자에게는 의사가 쓸데없고 병든 자에게라야 쓸 데 있느니라"(마 9:12).

"너그러운 사람에게는 은혜를 구하는 자가 많고 선물 주기를 좋아하는 자에게는 사람마다 친구가 되느니라"(잠 19:6).

"아무것도 염려하지 말고 다만 모든 일에 기도와 간구로 너희 구할 것을 감사함으로 하나님께 아뢰라"(빌 4:6).

"선을 행하고 선한 사업을 많이 하고 나누어주기를 좋아하며 너그러운 자가 되게 하라"(딤전 6:18).

"각각 은사를 받은 대로 하나님의 여러 가지 은혜를 맡은 선한 청지기같이 서로 봉사하라"(벧전 4:10).

"항상 기뻐하라"(살전 5:16).

"웃음을 네 입에, 즐거운 소리를 네 입술에 채우시리니"(욥 8:21).

"사람은 그 입의 대답으로 말미암아 기쁨을 얻나니 때에 맞는 말이 얼마나 아름다운고"(잠 15:23).

"우리 각 사람이 이웃을 기쁘게 하되 선을 이루고 덕을 세우도록 할지니라"(롬 15:2).

"말이 많으면 허물을 면하기 어려우나 그 입술을 제어하는 자는 지혜가 있느니라"(잠 10:19).

"선한 양심을 가지라"(벧전 3:16).

"너희 모든 일을 사랑으로 행하라"(고전 16:14).

"미움은 다툼을 일으켜도 사랑은 모든 허물을 가리느니라"(잠 10:12).

행복한 실버 시대를
보내기 위한 제언

　실버 시대는 쇠퇴와 상실의 시대가 아니라 지혜와 완성이 이루어지는 시기다. 실버 시대에 할 수 있는 가장 좋은 일은 두 손을 모아 기도하는 일이다. 실버 시대에 할 수 있는 또 좋은 일은 나눔과 베풂과 봉사를 온전히 실천하는, 온유하고, 겸손하고, 너그러우며, 이해심이 많고, 남을 존중하고, 용서를 잘하고, 칭찬을 잘하는 건강한 사람으로서 행복한 삶을 누리는 일이다.

　우리가 실버 시대를 행복하게 보내기 위해서 건강, 경제력, 인격 및 인터넷의 사용 숙지는 필수다. 고령화사회를 지나 고령사회로 접어든 길목인 요즈음에, 어떤 생각을 가지고 어떻게 행동하며 어떻게 나이를 먹어 가는 것이, 오늘을 살아가는 실버들에게 필요한 덕목인가에 대해서 제언하고자 한다.

1. 뭐니 뭐니 해도 건강이 최고이므로 건강을 챙기되, 건강 관리와 유지에도 힘써야 한다.

매일 운동을 꾸준히, 열심히 하되, 30분 이상 걷기와 자전거 타기와 같은 유산소 운동을 많이 하여 건강하고 행복한 삶을 영위하자. 그렇게 못할 경우에는 최소한 일주일에 3회 이상, 30분씩이라도 유산소 운동을 하자. 운동은 심신의 단련뿐만 아니라 생활의 에너지와 엔도르핀을 많이 생산하여 삶의 활력이 솟아나고 넘치게 한다. 아울러 중년부터 건강에 신경을 써서 뇌졸중, 심장병, 퇴행성 질환 등을 예방하고, 정기적인 종합건강검진을 받는 것도 건강 관리와 유지에 매우 중요하다는 것을 숙지하고 실천해야 한다.

2. 나이 들수록 편식을 하지 말고, 아무리 좋은 음식일지라도 소식다작을 하라.

이는 가능한 한 적게 먹고 오랫동안 잘 씹어 먹어야 한다는 뜻이다. 아울러 금연을 하라. 몸 안의 대다수 암의 근본적인 발생 원인은 흡연과 공해에서 비롯된다는 것을 명심해야 한다.

3. 나이 들수록 더욱더 진실하고 참된 도덕성을 갖고 관후정대(寬厚正大)한 마음가짐으로 살고, 신념과 용기를 지닌 도전정신으로 새로운 도전을 하라.

새로운 것을 시작하고 그것에 열중하는 자는 그 자체가 아름답고, 용기 있는 행동이며, 품위 있는 노후를 보내는 지름길이다.

4. 자식은 품 안에 있을 때만 내 자식이다. 자식에게 전부를 걸지 말라.

자녀에게 노후를 의존하거나 의지하지도 말고, 기대하지도 말라. 나이가 들어갈수록 적당한 경제력과 경제적 자립도와 독립성을 잃지 않고 당당하게 늙어 가도록 노력하고 또 노력해야 한다.

5. 되도록이면 살아가면서 짜증을 내거나 푸념을 하지 말고, 매사에 늘 긍정적인 생각을 갖도록 하라.

하루하루를 범사에 감사하는 마음으로 살고, 매일매일 많이 웃고, 늘 웃는 낯으로 사람들을 대하는 생활을 하도록 끊임없이 노력하라. 범사에 감사함으로 행복한 실버 시대를 만들어 가도록 힘써야 한다. 실버 시대는 그 자체로 하나님께서 주신 선물이다. 살아온 세월과 생명에 대한 감사는 나이가 들어 가는 과정을 행복하게 만들어 준다.

6. 남을 위하거나 이롭게 하는 이타심을 갖고, 봉사 활동을 열심히 하도록 노력하라.

현재까지 내가 잘 살아온 것은 나 자신이 잘나서 그런 거라고 생각하지 말고, 주위에 있는 여러 사람들의 도움을 받아 된 것으로 여기고, 이젠 되돌려 줄 수 있는 마음으로 봉사 활동을 실천해야 한다. 내가 나누고 베풀 차례가 되었다고 여기고, 나이에 연연하지 말고 적극적인 봉사 활동을 하라. 뒷방의 어른으로만 있지 말고, 청춘과 같은 심정과 마음으로 실버 시대의 여유와 넉넉함을 보여 주어야 할 것이다.

7. 가정에서나 사회에서나 꼭 필요한 어른이 되자.

가정과 사회에서 까다롭고 귀찮은 존재가 되면 천덕꾸러기가 되고, 추하게 나이든 어른으로 홀대받거나 푸대접을 받는다. 그렇게 되면 딱하고 가엽게 나이 든 어른으로 취급을 받는다는 것을 명심하고 기억해야만 한다.

8. 벗을 자주 만나 식사하면서 담소도 하고 수다도 떨어라.

다른 한편으로는 다른 사람들을 만나서 친구로 만들고 사귀라. 이들과 팀워크 정신으로 공동체 생활을 즐기도록 노력하라.

9. 청결 유지와 정리 정돈을 잘하라.

몸을 깨끗하고 청결하게 가꾸고, 이를 유지하기 위하여 매일 목욕하고, 날마다 속옷을 갈아입어라. 그리고 집안과 주위 환경을 깨끗하게 유지하라.

10. 신앙생활을 열심히 하고, 남에게 물질과 사랑을 베푸는 삶을 살도록 노력하라.

신앙은 성숙한 실버 시대의 가장 좋은 동반자다. 인간 존재의 근원적인 문제에 대해 답을 구하며, 자기 수양을 해 나가는 과정에서 삶의 질과 깊이를 깨달을 수 있으므로, 성숙한 신앙은 실버 시대의 지혜와 어우러져 인생을 풍요롭게 해준다. 나누며 베푸는 삶을 사는 실버 시대는 참으로 아름답다. 남을 위해 시간, 돈, 재능, 정성을 나눠주며 베푸는 삶을 살면서 나이 들어 가는 것은 매우 아름답다.

11. 인터넷 사용에 익숙해지자.

21세기를 살아가는데 필요충분조건인 인터넷 사용을 숙지하여 클릭 문화에 빨리 적응하도록 노력해야 한다.

12. 스스로 나이를 잘 먹을 수 있도록 모든 노력을 다해야 한다.

내 안에 바람직한 실버의 모습을 간직하고 끊임없이 그에 도달하기 위해 노력을 하면 누구든지 나이를 잘 먹을 수 있다.

13. 감정 조절로 마음의 안정과 평화를 찾고 유지하도록 노력하라.

감정을 적절히 표현하는 사람이 건강한 사람이다. 이제부터라도 기쁨, 슬픔, 외로움, 괴로움 등 자신의 감정을 인정하고 알맞게 표현하는 방법을 훈련하라.

14. 변화와 상실을 인정하고, 이를 받아들일 줄 알아야 한다.

경제적·신체적·정서적·사회적 여건이 이미 마이너스로 돌아선 시기임을 깨닫고, 인생의 묘미는 잃어버림을 통해서 성장하고 성숙하는 데 숨겨져 있다는 것을 기억하라.

15. 제대로 잘 익은 실버 시대는 영적인 성숙으로 완성된다.

이미 지나간 것이나 아직 오지 않은 것에 마음을 쏟을 것이 아니라 '지금 현재의 여기에' 집중하면서 살아라. 잘 익은 실버 시대를 생의 열매로 거둘 것이라고 생각한다.

"건강한 자에게는 의사가 쓸데없고 병든 자에게라야 쓸 데 있느니라"(마 9:12).

"옷 두 벌 있는 자는 옷이 없는 자에게 나눠줄 것이요 먹을 것이 있는 자도 그렇게 할 것이니라"(눅 3:11).

"네 소유를 팔아 가난한 자들에게 주라 그리하면 하늘에서 보화가 네게 있으리라"(마 19:21).

"네게 아직도 한 가지 부족한 것이 있으니 네게 있는 것을 다 팔아 가난한 자들에게 나눠주라"(눅 18:22).

"잔치를 베풀거든 차라리 가난한 자들과 몸 불편한 자들과 저는 자들과 맹인들을 청하라"(눅 14:13).

"서로 대접하기를 원망 없이 하고 각각 은사를 받은 대로 하나님의 여러 가지 은혜를 맡은 선한 청지기같이 서로 봉사하라"(벧전 4:9-10).

"범사에 헤아려 좋은 것을 취하고 악은 어떤 모양이라도 버리라"(살전 5:21-22).

"돈은 범사에 이용되느니라"(전 10:19).

"항상 기뻐하라 쉬지 말고 기도하라 범사에 감사하라"(살전 5:16-18).

"너희가 노년에 이르기까지 내가 그리하겠고 백발이 되기까지 내가 너희를 품을 것이라 내가 지었은즉 안을 것이요 품을 것이요 구하여 내리라"(사 46:4).

"모든 것이 가하나 모든 것이 유익한 것이 아니요 모든 것이 가

하나 모든 것이 덕을 세우는 것이 아니니 누구든지 자기의 유익을 구하지 말고 남의 유익을 구하라"(고전 10:23-24).

"그러므로 너희가 더욱 힘써 너희 믿음에 덕을, 덕에 지식을, 지식에 절제를, 절제에 인내를, 인내에 경건을, 경건에 형제 우애를, 형제 우애에 사랑을 더하라"(벧후 1:5-6).

"어른이라고 지혜롭거나 노인이라고 정의를 깨닫는 것이 아니리라"(욥 32:9).

"너는 센 머리 앞에 일어서고 노인의 얼굴을 공경하며 네 하나님을 경외하라 나는 여호와니라"(레 19:32).

당당하게 살기 위해
갖춰야 할 7가지 능력

《당당하게 늙고 싶다》의 저자인 소노 아야코는, 이 책에서 누구도 피할 수 없는 고령화사회의 현실적인 문제에 대하여 구체적인 고민과 준비의 필요성을 강조하면서, 행복한 실버 시대를 보낼 수 있는 7가지 능력에 대해서 이야기하고 있다. 이 7가지 능력을 통해서 실버 시대를 지혜롭고 행복하게 보내길 저자는 바라고 있다. 그 내용 7가지 능력을 살펴보면 다음과 같다.

1. 진정한 자립과 행복의 주체로 서라.

저자 소노 아야코는 타인에게 의존하지 않고 살아가는 것, 즉 자신의 지혜로 모든 생활을 꾸려 가는 것을 자립이라고 말했다. 이런 자립은 자율 정신을 바탕으로 성립됨을 강조했다. 인간은 누구나 노년이 되면 중년이나 장년 때와는 생활방식이 뚜렷이 달라지기 마련인데, 이를 인식하는 시점부터 자율은 시작된다. 노화의 과정을 받아들이고 나이에 걸맞는 건강을 지향하는 것이 자연스럽다. 그렇기 때문에 먹는 양, 잠자는 시간, 평소 앓고 있는 지병 등은 스스로 관리해야 하는 것은 당연하다. 타인을 귀찮게 하고 싶지 않으면 자신에게 적합한 생활양식(생활 패턴)을 만들어서 실천하는 것이 최선의 방법이다. 노년에 이르러 자립할 욕심과 의욕이 없다면 자율도 포기해야 한다고 저자는 강조했다.

2. 건강이 유지되는 한 죽을 때까지 일하며 살아라.

저자는 정년퇴직한 이후에 자신이 하고 싶었던 일을 하면서 여생을 보내겠다는 꿈같은 시절은 이미 지나갔다고 말한다. 이제 실버들의 경제 활동은 현실적인 문제로 대두되었다. 아무리 나이를 먹었어도 그의 인생은 삶의 목표를 요구하기 때문에, 그것 없이는 그 누구도 제대로 살아갈 수가 없다. 사람은 주는 것이 많아졌을 때에 비로소 어른이 된다.

어떤 도움을 받아낼 수 있는가보다 무엇을 해줄 수 있는가를 생각하면서, 자신의 임무를 찾아내고 묵묵히 수행하는 것이 실버가 된 사람이 지녀야 할 고귀한 정신이라고 저자는 전하고 있다. 일상생활에 있어서 요리와 청소, 세탁 같은 가사는 누구나 할 수 있는 일이며, 죽을 때까지 따라다닌다. 이러한 생활의 최전방에서 은퇴하지 않으려는 자세를 재정비할 필요성을 말하고 있다.

3. 나이가 들수록 배우자와 자녀들과 잘 지내면서 살아라.

저자는 부부가 원만한 관계를 유지하려면, 하고 싶은 대로 하려는 마음과 양보하려는 마음의 수위를 조절할 줄 알아야 한다고 전한다. 한마디로 어른이라면 적당한 선에서 양보하고 타협할 줄 아는 지혜와 연륜이 필요하다는 말이다. 관계 유지가 하루뿐이라면 누구나 어렵지 않게 좋은 사람이 될 수 있지만, 이를 지속하는 것이 어렵기 때문에 이로 인해 갈등이 발생하는 것이다.

저자는 부모가 자녀에게 베풀 수 있는 중요한 유산 중 하나를 깨끗한 이별이라고 말한다. 자녀를 가르쳐 최종적으로 독립할 때가 되었을 때, 자녀 앞에서 아무렇지도 않은 듯 조용히 사라진다는 것은 결코 쉬운 일이 아니다. 사람은 누구나 자기가 베푼 일에는 항상 감사를 받고 싶고, 또 자기 손으로 무언가를 주었다면 상대방에게 꼭 확인 받고 싶어한다. 하지만 부모의 애정이란 사심 없는 사랑이기에 가능하다고 말한다. 부모와 자녀 관계에서도 기본은 역시 자립에 있다고 말한다.

4. 돈 문제로 어려움을 겪지 않고 살아야 한다.

저자는 인생에 있어 금전 문제는 낮은 차원의 이야기에 속한다고 말한다. 이런 것일수록 단순하고 명쾌한 자기만의 규칙을 만들어 지켜 나가는 것이 필요하다고 강조한다. 분수껏 즐길 수 있는 취미를 찾아 그 안에 나를 가두는 규모를 지키는 것이 중요하다. 따라서 돈이 없다면 여행도 연극 관람도 포기하고, 관혼상제의 예를 다하려는 의리에서도 벗어나는 것이 현명한 처사라고 전한다. 타고난 재능에 맞는 생활이 누구에게나 가장 행복한 법이다.

5. 고독과 사귀며 그 속에서 인생을 즐겁게 보내라.

저자는 실버 시대의 삶은 고독한 것이 당연하다고 말한다. 그렇기 때문에 그들의 일과는 고독을 견디며, 그 속에서 나를 발견하는 것이다. 나이가 들수록 함께 어울릴 수 있는 사람은 줄어든다. 그러므로 혼자 노는 습관을 키워 둘 것을 권한다. 저자 자신은 매일 자기가 먹을 것을 요리하고, 가끔씩 혼자 여행을 떠나는 것, 이 두 가지로 정신을 녹슬지 않게 단련한다고 말한다.

6. 늙음, 질병, 죽음과 친해지는 법을 배우라.

나이가 들어 습관처럼 몸에 배는 '노인성'으로 두 가지 기둥이 있다. 하나는 이기적으로 행동하는 것과 또 하나는 인내심이 사라지는 것이다. 이들이 나이를 먹었다는 특징 또는 슬픔이라고 해도 좋다. 사람마다 차이는 있지만 이 2가지 노인성은 노년에 접어든 거의 모든 사람에게서 발견된다. 노화를 의도적으로 배반하고 조금이라도 자신을 젊게 유지하고 싶다면 이기심을 경계하고 인내력을 길러야 할 것이다. 육체적으로도 몸의 최소 기능과 오감만 정상적으로 작동하면 건강한 것이다. 병도 인체의 일부이고, 좋은 일과 나쁜 일이 함께 찾아오는 게 인생이다.

7. 신의 잣대로 세상과 인생을 바라보라.

나이가 들면서, 몸이 부자유스러워지면서, 아름다운 용모가 추해지면서, 사회적인 지위를 상실하면서, 우리는 실버 시대를 이해하게 되고 그 와중에 또 한 번 성장을 거듭한다. 하지만 인간의 관점만으로 인간의 세계를 통찰하기는 쉽지 않다. 지형의 전체 모습을 파악해야 할 때에 보다 높은 곳으로 올라가듯, 신의 관점을 찾아냈을 때에 심리적으로 복잡한 실버의 세계를 보다 쉽고 따뜻하게 이해할 수 있다.

"적게 심는 자는 적게 거두고 많이 심는 자는 많이 거둔다"(고후 9:6).

"자기 일을 게을리 하는 자는 패가(敗家)하는 자의 형제니라"(잠 18:9).

"너희가 열심으로 선을 행하면 누가 너희를 해하리요"(벧전 3:13).

"선한 양심을 가지라"(벧전 3:16).

"무엇이든지 남에게 대접을 받고자 하는 대로 너희도 남을 대접하라"(마 7:12).

"서로 대접하기를 원망 없이 하고 각각 은사를 받은 대로 하나님의 여러 가지 은혜를 맡은 선한 청지기같이 서로 봉사하라"(벧전 4:9-10).

"너희 모든 일을 사랑으로 행하라"(고전 16:14).

"노하기를 더디 하는 것이 사람의 슬기요 허물을 용서하는 것이 자기의 영광이니라"(잠 19:11).

"유순한 대답은 분노를 쉬게 하여도 과격한 말은 노를 격동하느니라"(잠 15:1).

"우리 각 사람이 이웃을 기쁘게 하되 선을 이루고 덕을 세우도록 할지니라"(롬 15:2).

"돈을 사랑하지 말고 있는 바를 족한 줄로 알라"(히 13:5).

"돈은 범사에 이용되느니라"(전 10:19).

"하나님이 고독한 자들은 가족과 함께 살게 가속에 처하게 하시며 갇힌 자들은 이끌어 내사 형통하게 하시느니라"(시 68:6).

"모든 지킬 만한 것보다 더욱 네 마음을 지키라 생명의 근원이 이에서 남이니라"(잠 4:23).

"내게 능력 주시는 자 안에서 내가 모든 것을 할 수 있느니라"(빌 4:13).

"나는 비천에 처할 줄도 알고 풍부에 처할 줄도 알아 모든 일 곧 배부름과 배고픔과 풍부와 궁핍에도 처할 줄 아는 일체의 비결을 배웠노라"(빌 4:12).

부모님 살아 계실 때에
해드려야 할 몇 가지

1. 부모님이 좋아하시는 음식 몇 가지를 꼭 챙겨 드리세요.

부모님은 진짜로 좋아하는 음식이 따로 있으니 기억해 두었다가 그 음식을 대접하도록 하십시오. 그거 하나만으로도 부모님의 표정은 금방 달라지고 행복해 하십니다. 이점 꼭 기억하고 실천하십시오. 자식도 덩달아서 행복 바이러스에 감염됩니다.

2. 부모님께 용돈은 정기적으로 드리도록 하세요.

매월 용돈을 드리도록 노력하고, 특히 생신 때나 부모님 결혼기념일에는 잊지 말고 챙겨 드리십시오. 가급적이면 적은 돈이라도 부모님 이름으로 된 통장을 하나 만들어 드리면 더욱 좋습니다. 이 세상 어느 것과도 바꿀 수 없는 귀하고 든든한 선물이 될 테니까요. 자녀분들은 이 점을 마음속에 깊이 간직하고 아로새겨 두시길 바랍니다.

3. 부모님께서 평안하신지 안부를 자주 묻도록 하세요.

가능하면 하루에 한 번씩 부모님께 전화로 문안 인사 드리세요. 요즈음은 통신과 정보의 시대요 소통의 시대이니만큼, 문자 메시지나 이메일로 소식을 전하여 소통에 목말라하는 부모님의 갈증을 풀어 드리세요. 단 10분만 투자하면 착한 아들 딸 노릇하기 그리 어렵지 않습니다. 모든 것은 자기 하기 나름이고, 성의 문제라는 것을 염두에 두세요.

4. 부모님께 정성이 듬뿍 들어 있는 건강식품을 챙겨 드리세요.

부모님은 항상 자식 생각과 걱정에 목말라 하십니다. 정작 나는 괜찮다고 자신들의 건강을 돌보지 아니하고, 자식들에게 건강 검진 등을 받아 보라고 하시는 분들입니다.

5. 건망증이나 노화는 세월이 흐르면서 자연스럽게 생기는 것이므로 부모님이 자연스럽게 잘 받아들일 수 있도록 자녀로서 도와 드리십시오.

나이가 들면 누구에게나 찾아오는 것이 노화와 건망증입니다. 사람이면 누구에게나 세월이 흘러가면서 생기는 노화는 낯설고 반갑지 않은 불청객입니다. 어쩔 수 없이 맞이하면서도 선뜻 내키지 않는 게 사실입니다. 건망증이나 치매는 더더욱 그렇습니다. 이로 인해 엄청난 절망감과 공포에 휩싸이고, 두려움에 떨게 됩니다. 이럴 때일수록 가까이 있는 사람들의 도움이 꼭 필요합니다. 다시 말해 자녀들이 부모님의 절망감과 스트레스를 덜어 드릴 수 있도록 도와줘야 합니다. 주위의 반응이 그런 현상을 자연스럽게 받아들이는 데 부모님에게 큰 위안과 용기와 힘이 됩니다. 아무 일도 아니고 노화 현상의 일부라고 격려하면서 자녀들이 칭찬과 현명한 애교를 부리면, 그것이 부모님을 기쁘게 하고 덜 늙게 하는 진짜 21세기 효도랍니다.

6. 부모님의 생신날을 잊지 말고 꼭 챙겨 드리도록 하십시오.

하기에 따라 생일날은 기쁨도 2배, 서러움도 2배가 될 수 있는 날이라는 것을 자녀들은 절대 잊어서는 안 됩니다. 생신에 맞춰 용돈도 드리고 마음과 정성이 담긴 선물을 해드리는 것이 매우 중요합니다. 부모에겐 특별한 기쁨과 즐거움이 되기 때문입니다. 좋은 선물의 가치는 값으로 매길 수 없습니다. 그 가치는 자식의 고마운 마음과 사랑하는 마음에 달려 있습니다. 정성과 마음이 담긴 작은 선물 하나가 부모님의 시린 가슴을 뜨겁게 달궈 주고 데워 준다는 것을 잊지 마십시오.

7. 부모님께서 해주시는 밥상과 음식을 맛있게 먹고, "더 주세요"라고 말해 보십시오.

집을 떠나 객지 생활을 하다 보면 가장 많이 생각나는 것이 어머님이 차려 주셨던 밥상과 음식입니다. 어느 날 예고 없이 어머님을 찾아가서 어머님의 별미 요리를 해 달라고 졸라 보세요. 그리고 어머님이 해주신 음식이 이 세상에서 최고라고 칭찬을 해 보세요. 아들의 그 칭찬 한마디가 어머님을 즐겁고 행복하게 해드린다고 감히 말할 수 있습니다. 지금부터라도 실천해 보시길 바랍니다.

8. 부모님의 인생 경험과 생활의 지혜 보따리에서 많이 배워 두세요.

인생 경험이 9단인 부모님께 배울 것은 참으로 많습니다. 예를 들어 김치를 담그는 방법이라든지 청국장이나 된장국을 맛있게 끓이는 방법 등은 어머님이 살아계실 때에 제대로 배워두지 못하면 두고두고 후회할 날이 오게 됩니다. 인생 경험이 풍부하고 살아 있는 지식을 소유하신 부모님이 살아 계실 적에 여쭤 보고 부지런히 배우는 것이야말로 우리 삶에 반드시 필요한, 삶의 크나큰 자산입니다.

9. 하는 일이 잘되냐고 물으시면 무조건 잘된다고 대답을 하십시오.

자식이 근심 걱정을 보이면 부모님은 몇 배의 걱정을 하면서 밤잠을 설치고 괴로워하십니다. 설령 장사나 사업이 잘 안 되는 경우에도 선의의 거짓말로 그런대로 잘 유지하고 있다고 얼렁뚱땅 둘러대는 재치를 보이면 부모님은 조금이라도 안심하십니다. 우리가 그렇게 해도 부모님은 경험에서 우러난 특유의 섬

세한 감각적 센스와 더듬이로 모든 것을 알아차리십니다. 그럼에도 자식으로서 부모님을 안심시켜 드리고, 기쁘고 편안하게 해드리는 것이 작은 효의 실천이 아닐까 생각합니다.

10. 부모님이랑 함께 노래방이나 미용실에 가는 것을 시도해 보십시오.

누구에게나 애창곡은 있는 법이며, 그에 따른 깊은 사연도 있는 법이지요. 부모님이 그 노래를 왜 유독 좋아하시며, 거기에 무슨 사연이 있는지 혹시 아시나요? 부모님의 애창곡(18번)을 기억하고 함께 부르는 것은 그만큼 부모님을 이해하고 사랑한다는 뜻이 아니겠습니까? 어머니는 언제부터인가 미용실 앞까지 가셨다가 이런저런 살림 걱정 때문에 발길을 되돌리는 경우가 허다하지요. 그러다 보면 어머니의 머리는 어느새 전형적인 '동네 아줌마' 머리 스타일이 되고 맙니다. 하오니 이런 때엔 어머니의 손을 다정스레 붙잡고 미용실에 가서 커트도 해드리고 파마도 해드리면서, 이게 몽땅 3만 원이라서 무지하게 값이 싸다고, 엄마에게 웃으면서 다정스럽게 말씀드려 보세요. 그러면 엄마의 얼굴에 미소가 가득하고 행복감이 찾아들 것입니다.

11. 부모님 건강이 최고이니, 건강을 챙겨 드리도록 하십시오.

자식이 환갑이나 진갑이 지났어도, 부모가 보기엔 항상 어린애나 아이 정도로 보인답니다. 이렇게 한평생 내 몸처럼 자식

건강을 염려해 주시는 부모님이니, 이번에는 우리 자녀들이 부모님의 몸을 내 몸처럼 챙겨 드린다면 부모님의 기쁨도 배가되고, 그만큼 더욱 건강하게 지내시리라고 생각됩니다.

12. 내 자식 옷 한 벌 살 때에, 부모님 옷 한 벌도 같이 사 드리세요.

대가를 바라지 않는, 한없는 무한대의 사랑을 뜻하는 '내리사랑'이란 말이 회자됩니다. 부모님은 당신의 잇몸이 온통 들떠 고생하면서도, 자식이 사랑니 하나 뽑고 와서 아파하는 그 모습을 보며 안쓰러워하고, 당신의 손끝은 온통 마른 논바닥처럼 갈라져 있으면서도 자식의 손거스러미 하나에도 안타까워하시던 그 마음을, 우리는 부모가 된 다음에야 알게 되지요. 더 늦기 전에 그 내리사랑의 참뜻을 이해하고, 그 내리사랑의 만분의 일이라도 보답하며 사는 것이, 부모님을 기쁘게 해드리고 스스로도 복을 받는 길이라는 것을 알아야 합니다.

13. 때로는 착한 거짓말로 부모님을 안심시켜 드리는 법도 알아두어야 합니다.

인생의 모든 행복과 불행은 가정에서 시작됩니다. 가정이 화목하고 행복하면 그곳이 지상낙원이며 천국이라고 할 수 있습니다. 자식의 작은 한숨에도 부모는 굵은 눈물을 흘리는 법입니다. 어차피 나누어 질 수 있는 짐이 아니라면, 착한 거짓말로 덮어두는 것이 낫지 않을까 생각합니다. 자식들의 말 한마디가 부모의 마음을 즐겁고 행복하게 만들기도 하고, 지옥처럼 불행하게 만들기도 합니다. 그래서 때때로 착한 거짓말(새하얀 거짓말)은 삶의 활력소이자 깨소금 같은 양념이 될 수도 있다는 것을 명심하시기 바랍니다.

14. 부모님의 젊은 시절 추억의 앨범을 액자로 만들어 드리도록 하십시오.

부모님의 활기차고 눈부신 젊음을 빼앗아간 것은 세월이 아니라 우리 자녀들이 아니었을까 하고 생각해 봅니다. 자녀들이여! 자기의 사진만 블로그나 컴퓨터 바탕화면에 열심히 올릴 것이 아니라, 부모님의 젊은 시절의 사진도 올려 보면 어떨까요? 기왕이면 부모님의 젊은 시절 사진 한 장을 크게 뽑아서 액자로 만들어 드리면 좋을 것 같은데, 그렇게 하면 이미 흘러간 부모님의 지난 시간들을 다시 돌려드릴 수는 없지만, 추억만은 한 움큼 건져 올 수 있지 않을까요.

15. 부모님이 하루라도 건강하실 때, 모시고 여행도 다니고 공연도 함께 보러 가도록 하십시오.

온 가족이 여행을 떠났을 때에 같은 곳을 함께 보고 있다는 것만으로도 행복해지고, 같은 풍경을 바라보고, 같은 바람을 느끼는 것만으로도 행복해질 수 있습니다. 늘 어긋나기만 하는 자식과 부모의 마음, 그 마음이 한 곳을 볼 수 있는 기회가 주어져서 행복해지기도 합니다. 부모님만 보내 드리는 효도 관광도 나쁘진 않으나, 연로하신 부모님을 모시고 손자손녀들까지 온 가족이 함께 여행을 해 보지 않으시겠습니까? 부모와 자식이 함께했다는 것만으로도 기쁨과 즐거움이 몇 배가 될 줄로 믿습니다. 우리 자녀들이 흔하게 찾는 공연장이나 영화관도 부모님과 함께 가는 경우가 흔하지도 않고 별로 없을 겁니다. 차제에 부모님 모시고 관람하는 것도 추억 앨범의 한 페이지를 장식한다는 것을 잊지 마십시오.

"그들을 데리고 자기 집에 올라가서 음식을 차려 주고 그와 온 집안이 하나님을 믿으므로 크게 기뻐하니라"(행 16:34).

"돈은 범사에 이용되느니라"(전 10:19).

"돈을 사랑하지 말고 있는 바를 족한 줄로 알라"(히 13:5).

"목숨을 위하여 무엇을 먹을까 몸을 위하여 무엇을 입을까 염려하지 말라"(마 6:25).

"늙은이를 꾸짖지 말고 권하되 아버지에게 하듯 하며……늙은 여자에게는 어머니에게 하듯 하며"(딤전 5:1-2).

"어른이라고 지혜롭거나 노인이라고 정의를 깨닫는 것이 아니니라"(욥 32:9).

"네 아버지와 어머니를 공경하라 이것은 약속이 있는 첫 계명이니"(엡 6:2).

"그의 아들들이 자기 생일에 각각 자기의 집에서 잔치를 베풀고 그의 누이 세 명도 청하여 함께 먹고 마시더라"(욥 1:4).

"사람의 선물은 그의 길을 넓게 하며 또 존귀한 자 앞으로 그를 인도하느니라"(잠 18:16).

"은밀한 선물은 노를 쉬게 하고 품안의 뇌물은 맹렬한 분을 그치게 하느니라"(잠 21:14).

"마음의 즐거움은 얼굴을 빛나게 하여도 마음의 근심은 심령을 상하게 하느니라"(잠 15:13).

"세상 근심은 사망을 이루는 것이니라"(고후 7:10).

"건강한 자에게는 의사가 쓸데없고 병든 자에게라야 쓸 데 있느니라"(마 9:12).

"여행을 위하여 지팡이 외에는 양식이나 배낭이나 전대의 돈이나 아무것도 가지지 말며 신만 신고 두 벌 옷도 입지 말라"(막 6:8-9).

10분의 여유가
가져다주는 교훈

 첫째, 아침에 10분만 더 일찍 일어나도록 노력하십시오.
 그리하면 심적 여유가 생기고, 서두를 필요 없이 하루의 일과가 순조롭게 진행됩니다.

 둘째, 아침에 10분만 먼저 출근하도록 노력하십시오.
 그리하면 업무 파악에 여유와 자신감이 생길 뿐만 아니라, 일하고 싶은 의욕이 생겨납니다. 그로 인해 일에 대한 스트레스는 확 날아가고, 일의 능률은 배가됩니다.

 셋째, 상대방보다 10분만 먼저 약속 장소에 도착하도록 노력하십시오.
 그렇게 처신하면 상대방과의 관계를 능동적·주도적으로 이끌어 갈 줄로 믿습니다.

넷째, 음식을 10분만 더 오래 천천히 드시되, 즐겁게 잘 씹어 드시도록 하십시오.

장수를 논할 때에, 적게 먹되 많이 씹으라는 의미의 소식다작이란 말이 있습니다. 즐겁게 먹어야 소화도 잘되고 약이 되는 식사라는 것을 기억하십시오. 한국인은 외국인에 비해 한 끼 식사를 너무 빨리 합니다. 한국인은 식사를 즐기는 것이 아니라 배가 고파서 위 속에 집어넣는 수준입니다. 한 끼의 식사 시간은 최소한 20~30분이 제일 좋다고 합니다.

많이 씹을수록 침샘에서 침이 많이 분비되어 위와 장의 소화를 돕습니다. 우리의 침샘에서는 하루에 1,000~1,500cc 정도의 침을 분비하는데, 많이 씹을수록 침이 더 많이 분비됩니다. 우리가 음식을 씹으면 침샘에서 아밀라아제와 같은 소화효소와 라이소자임과 같은 면역에 관련된 효소를 분비하여 소화 기능을 도울 뿐만 아니라, 항균 작용과 살균 작용을 하는 데에도 도움을 줍니다. 그뿐만 아니라 침 속에 있는 효소가 면역력을 증가시켜 항암 효과를 나타내기도 하고, 침은 식도를 보호하며 입 안의 충치와 구취의 발생을 막아주는 데 큰 도움을 주기도 합니다. 이런 이유 때문에 음식을 먹을 때에 많이 씹을 것을 권장합니다.

그래서 침을 천연 건강 보약이라고도 말합니다. 많이 씹으면 천연 보약인 침이 침샘에서 많이 분비되어 몸 안에서 각종 질병들이 발생하지 않도록 큰 도움을 주는 귀한 것으로 여기면

딱 맞습니다. 이제부터라도 많이 씹는 운동을 꼭 실천해 보시기를 권합니다.

소식다작을 위한 5계명

1. 식사 시간은 최소한 20~30분 정도로 천천히 유지하라.
2. 음식물을 씹는 횟수는 최소한 20번 이상 꼭꼭 씹어 먹어라.
3. 음식물을 씹는 동안은 수저를 내려놓아라.
4. 가공식품(인스턴트 식품, instant food) 대신 자연 식품을 섭취하라.
5. 식사하는 동안 씹는 맛을 느끼며, 기쁘고 즐겁게 먹어라.

다섯째, 화내기와 노하기를 10분만 더디 하십시오.

그리하면 그동안에 마음이 좀 진정되어 심적인 여유가 생기고, 잠시 짬을 내어 생각한 후에 말할 시간의 여유가 생기겠지요. 그렇게 되면 그 사이에 미움과 다툼은 사라지고, 좋은 관계와 사귐으로 발전할 수 있습니다. 누구든지 위의 내용을 글로 표현하기는 아주 쉬워도 막상 실천하고 행하기가 참으로 어렵다는 것을 깨닫게 될 것입니다. 하지만 우리가 그리되도록 부단히 노력을 해야만 자기 수양도 되고 행복을 만나는 지름길을 찾게 된다는 것을 명심해야 합니다.

여섯째, 감사와 사랑의 메시지를 전하는 데 10분만 더 투자해 보십시오.

성경은 항상 기뻐하고 범사에 감사하라고 가르치고 있습니다(살전 5:16-18). 우리가 생활 속에서 늘 기뻐하고 삶 가운데서 항상 감사한 생각을 갖고 사노라면, 우리의 눈앞에서 전개되는 모든 일이 감사의 삶과 사랑의 삶으로 아름답게 펼쳐지리라고 확신합니다.

일곱째, 매일 잠자리에 들기 전에 10분만 여유를 갖고 하루를 돌아보고 묵상하며 취침하도록 하십시오.

그리하면 오늘의 기쁨과 보람이 내일로 이어지며, 오늘의 잘못과 실수가 내일 또다시 되풀이되지 않게 됩니다.

여덟째, 매일 10분만 더 걷고 산책하도록 노력하십시오.

이 세상에서 걷는 것만큼 좋은 운동은 없습니다. 자주 많이 걸으면 건강한 모습과 즐겁고 행복한 삶이 우리 곁에 살며시 찾아올 것입니다.

아홉째, 매일 10분만 더 불필요한 잡담과 인터넷과 전화를 줄이십시오.

그리하면 하루가 여유로운 가운데 모든 일에 잘 집중될 것으로 여겨집니다.

열째, 상대방을 위해 10분만 더 웃어 주고, 웃음을 선물하도록 하십시오.

그리하면 내 마음속에 행복 호르몬이 솟아나고 웃음의 씨앗이 잉태되어 웃음꽃이 피어납니다. 그렇게 되면 자신뿐만 아니라 이웃 사람들과의 관계가 더욱 돈독해지고 행복을 공유할 수 있습니다.

"게으른 자여 네가 어느 때까지 누워 있겠느냐 네가 어느 때에 잠이 깨어 일어나겠느냐"(잠 6:9).

"너의 행사를 여호와께 맡기라 그리하면 네가 경영하는 것이 이루어지리라"(잠 6:13).

"네 길을 여호와께 맡기라 그를 의지하면 그가 이루시고 네 의를 빛같이 나타내시며 네 공의를 정오의 빛같이 하시리로다"(시 37:5-6).

"선한 양심을 가지라"(벧전 3:16).

"서로 마음을 같이하며 높은 데 마음을 두지 말고 도리어 낮은 데 처하며 스스로 지혜 있는 체하지 말라"(롬 12:16).

"아무에게도 악을 악으로 갚지 말고 모든 사람 앞에서 선한 일을 도모하라"(롬 12:17).

"노하기를 더디 하는 자는 용사보다 낫고 자기의 마음을 다스리는 자는 성을 빼앗는 자보다 나으니라"(잠 16:32).

"다툼을 좋아하는 자는 죄과를 좋아하는 자요 자기 문을 높이는 자는 파괴를 구하는 자니라"(잠 17:19).

"미움은 다툼을 일으켜도 사랑은 모든 허물을 가리느니라"(잠 10:12).

"내게 능력 주시는 자 안에서 내가 모든 것을 할 수 있느니라"(빌 4:13).

"너희 관용을 모든 사람에게 알게 하라"(빌 4:5).

자녀에게 바라는
어느 실버의 간절한 바람

🍃 나의 사랑하는 아들, 딸아! 너희 부모가 이제 나이가 들어 실버 시대가 되었기에 약하고, 어둔해지고, 지저분해지고, 기억력이 떨어지고, 행동이 조금은 굼뜰 것이다. 인내심을 가지고 조금만 이해해 주면 안 될까?

🍃 부모가 밥을 먹다가 음식을 흘리거나, 옷에 묻혀 더럽히거나, 때때로 옷을 잘 입지 못하더라도 짜증이나 신경질을 내지 마라. 너희들이 어렸을 적에, 우리는 부모로서 군소리 없이 너희들을 먹여 주고, 닦아 주고, 옷을 갈아입혔던 시간들을 떠올려 보렴. 미안한 얘기지만 너희 부모의 이러한 모습을 조금만 참아내고 받아주면 안 될까?

🍃 너희 부모가 연로해서, 대화할 때에 했던 말을 하고 또 하더라도, 말하는 중간에 끼어들어 말을 못하게 가로막지 말고,

끝까지 들어 주면 정말로 좋겠는데, 그렇게 할 수는 없겠니? 너희들이 어렸을 적에 좋아하고 원했던 이야기를 너희가 잠이 들 때까지 셀 수 없을 정도로 되풀이하면서 들려 주었던 그 기억을 되살릴 수는 없을까? 그렇게 해주기를 너희 부모는 은연중에 간절히 바라고 있단다. 조금만 양보하고 이해심을 발휘해 그렇게 해줄 수 있겠니?

🌰 너희 부모가 훗날에 목욕하기를 싫어하면 너무 야단치거나 심하게 몰아치지 말아다오. 이 핑계 저 핑계 대가면서 목욕하기를 거부하고 도망쳤던 너희들을 인내심을 갖고 따라다니면서 설득하여 목욕시켰던 부모의 모습을 기억 속에 떠올리면서, 나무라거나 핀잔 주지 말고 조금만 지켜봐줄 수는 없겠니?

🌰 너희들이 성장하는 동안 얼마나 많은 것을 가르쳐 주었는지 기억이 나지 않겠지만, 시간이 날 때마다 상하지 않은 음식을 먹는 법, 더럽히지 않고 깨끗하게 잘 입는 법, 너의 권리를 주장하는 방법, 예의범절을 잘 지키는 법, 웃어른들에게 인사를 잘하는 법, 몸을 청결하게 하는 법, 교통법규를 잘 지키는 법과 같은 많은 것들을 너희들이 제대로 실천할 때까지 반복해서 너희에게 가르쳐 주었단다. 인터넷 시대에 태어난 너희들의 세대와 많이 다른 너희 부모가 컴퓨터를 잘 다루지 못하거나 새로 나온 기술이나 정보를 모르거든, 그것도 모르냐고 면전에

서 핀잔 주지 말고, 전 세계에 연결되어 있는 통신망이나 웹사이트를 통하여 그 방법을 부모님에게 자세히 그리고 친절하게 가르쳐 주면 안 될까?

🌷 나이가 들면 기억력이 감퇴되어 방금 들었던 것도 잊어버리고 말문이 막히거나 무엇인가를 자주 잊어버릴 때가 있는데, 그럴 때엔 제발 그것도 기억이 안 나느냐고 윽박지르지 말고, 그 내용을 기억해 내는 데 필요한 시간과 정보를 제공해 주면 얼마나 좋을까? 만약 너의 부모가 나이 들어 혹시 기억을 못 해 내더라도 실망하거나 너무 염려하지 말아 다오. 이것이 노년기의 삶의 일부로 여기면 된다. 왜냐하면 이 시기에 우리 가족에게 가장 소중한 것은 너희들과의 대화가 아니라, 부모로서 너희와 함께 같은 자리에 있다는 것이고, 부모의 말을 들어 주는 자녀들이 부모 곁에 있다는 것이 더 중요하기 때문이다.

🌷 또한 너희 부모가 어느 날 음식 먹기를 싫어하거든, 억지로 그 음식을 먹이려고 하지 말아 다오. 언제 먹어야 하는지 혹은 언제 먹지 말아야 하는지를 부모인 우리가 더 잘 알고 있단다. 사랑하는 아들, 딸아! 부모님 마음을 조금만 헤아려 주고, 못 이기는 척하고 눈감아 줄 수는 없겠니?

🌷 부모가 다리에 힘이 없고 쇠약하여 잘 걷지를 못하게 되

거든, 지팡이를 짚지 않고도 걷는 것이 위험하지 않게 도와줄 수 있겠니? 너희들이 아기일 적에 뒤뚱거리며 처음 걸음마를 배우기 시작할 때에 우리가 부모로서 너희들이 제대로 걷도록 (걸을 수 있도록) 도와준 것처럼 너희들의 손을 부모님에게 빌려주면 안 될까?

🍂 그리고 언젠가 나중에 너희 자녀들에게 우리가 더 이상 살고 싶지 않다고 말하면, 부모에게 절대로 화를 내거나 노여움을 표시하지 말기를 당부한다. 왜냐하면 너희들도 살다 보면 언젠가는 그러한 부모의 입장을 이해할 날이 오게 될 터이니까. 사랑하는 아들, 딸아! 나이가 들면 그러려니 생각하고 조금만 참고 견디면서 이해를 해줄 수는 없겠니?

🍂 우리가 오늘까지 살아오면서 어느새 실버 시대를 맞이한 나이가 되었는데, 그냥 단순히 살아온 것을 이야기하는 것이 아니다. 지금까지 어떻게 살아왔고 생존해 있는가를 말하고 있음을 자녀로서 이해해 주기를 바란다. 그동안 치열한 생존경쟁 속에서 부모님이 힘겹게 살아온 과정을 자녀로서 공감할 수 있겠니?

🍂 비록 우리가 너희들을 키우면서 해서는 안 될 실수와 시행착오를 많이 범했지만, 우리가 부모로서 자녀들에게 해줄 수

있는 가장 좋은 것들과 보여 줄 수 있는 가장 성실하고 귀하고 값진 삶이 무엇인가를 너희들에게 보여 주려고 최선을 다했다는 것을 언젠가는 너희들도 깨닫고 이해하게 될 줄로 믿는다. 부모로서 최선을 다한 것을 조금만 헤아려 주면 어떨까?

🍂 사랑하는 아들, 딸아! 실버 시대를 보내고 있는 아버지와 어머니로서, 너희들을 정말로 사랑하고 또 사랑한다. 너희들이 어디에 있든지, 어느 곳에서 무엇을 하든지, 너희들을 정말로 사랑한다고 말하고 싶다. 이게 부모의 진실하고 참된 마음임을 이 지면을 통해 다시 한 번 밝혀 둔다. 우리는 부모로서 너희들의 모든 것을 사랑한다고 거듭 힘주어 말하는 바이다.

"지혜로운 아들은 아비를 기쁘게 하거니와 미련한 아들은 어미의 근심이니라"(잠 10:1).

"자녀들아 주 안에서 너희 부모에게 순종하라 이것이 옳으니라 네 아버지와 어머니를 공경하라 이것은 약속이 있는 첫 계명이니 이로써 네가 잘되고 땅에서 장수하리라"(엡 6:1-3).

"마땅히 행할 길을 아이에게 가르치라 그리하면 늙어도 그것을 떠나지 아니하리라"(잠 22:6).

"자녀들아 모든 일에 부모에게 순종하라 이는 주 안에서 기쁘게 하는 것이니라"(골 3:20).

"내 아들아 네 아비의 명령을 지키며 네 어미의 법을 떠나지 말고 그것을 항상 네 마음에 새기며 목에 매라 그것이 네가 다닐 때에 너를 인도하며 네가 잘 때에 너를 보호하며 네가 깰 때에 너와 더불어 말하리니"(잠 6:20-22).

"서로 친절하게 하며 불쌍히 여기며 서로 용서하기를 하나님이 그리스도 안에서 너희를 용서하심과 같이 하라"(엡 4:32).

"남에게 대접을 받고자 하는 대로 너희도 남을 대접하라"(마 7:12).

"우리를 괴롭게 하신 날수대로와 우리가 화를 당한 연수대로 우리를 기쁘게 하소서"(시 90:15).

"무슨 일에든지 때와 판단이 있으므로 사람에게 임하는 화가 심함이니라"(전 8:6).

"노하기를 더디하는 자는 용사보다 낫고 자기의 마음을 다스리는 자는 성을 빼앗는 자보다 나으니라"(잠 16:32).

"내가 반드시 너에게 복 주고 복 주며 너를 번성하게 하고 번성하게 하리라"(히 6:14).

"여호와께서 주시는 복은 사람을 부하게 하고 근심을 겸하여 주지 아니하시느니라"(잠 10:22).

실버들에게 슬픔이 많은
대한민국 Ⅰ, Ⅱ, Ⅲ

I. '노인의 날'에 바란다

생의 주기별로 우리의 일생을 나누어 보면, 신생아기, 영아기, 유아기, 유년기 및 아동기를 부모님의 극진한 보호 아래 보낸 후, 청소년기를 오로지 입시와 공부에만 전념하며 바쁘게 보내다가, 청·장년기와 중·장년기에는 직장 일과 사업으로 눈 코 뜰 사이 없이, 숨 쉴 틈조차 없이, 숨 가쁘게 시간 가는 줄 모르고 앞만 보며 살다가, 눈 깜짝할 사이에 실버 시대인 노년기를 맞이하게 됩니다. 이렇게 맞이한 노년기를 흔히 인생의 황혼기, 시니어시프트 시대 혹은 실버 시대라고 말하기도 하고, 최근에 혹자는 인생은 '60세부터'라고 강변하기도 합니다. 다시 말해 60세가 인생의 제2 도약기 내지 제2 청춘을 구가하는 시기로 여기라는 것입니다.

요즘 우리는 100세 시대에 살고 있습니다. 여러분은 지금 인생에서 어떤 생애 주기를 보내고 계십니까? 그래서인지는 몰라도 유엔(UN)에서도 2015년 4월에 인간의 평균 수명과 체력의 변화 등을 고려하여 인간의 생애 주기를 5단계로 새롭게 정하여 발표를 했습니다. 그 내용인즉 0~17세까지는 미성년자, 18~65세까지는 청년, 66~79세까지는 중년, 80~99세까지는 노년, 100세 이후는 장수 노인으로 정의를 했습니다. 노년이길 거부하는 66~79세까지를 중년이라고 하고 있으니, 이는 요즘 흔히 말하는 100세 시대를 반영한 분류라고 생각됩니다. 큰 용기와 삶의 의욕을 고취시키는 유엔의 생애 주기를 보면, 유행하는 말로 나이는 숫자에 불과한 것 같습니다. 또한 30년 전과 비교할 때, 요즘은 실제 나이에 0.7을 곱하여 현재 나이를 가늠해 보는 추세로 변한 것 같습니다.

  100세에 가까운 노 철학자 김형석 연세대학교 명예교수는 만약 인생을 되돌릴 수만 있다면 60세로 돌아가고 싶다고 말했습니다. 젊은 날로 돌아가고 싶지 않다는 얘기입니다. 젊은 날에는 생각이 얕았고, 행복이 뭔지 잘 몰랐던 시기였기 때문이라고 그 이유를 밝혔습니다. 그동안 인생을 살아 보고 지나고 보니, 인생의 가장 절정기는 철없던 청·장년기가 아니라 인생의 매운맛 쓴맛 다 맛보고 무엇이 참으로 좋고 소중한지를 진정 음미할 수 있는, 생각이 깊어지고, 행복이 무엇인지, 세상을 어떻게 살아야 하는지를 알게 되는 시기인 60대 중반~70대 중반이 우리 삶의 황금기이며, 인생의 절정기라고 노 철학자는 설파

했습니다. 그렇습니다. 우리 인생은 아직도 진행형이고 상승기, 절정기를 보내고 있는데 감히 그 누가 함부로 인생의 노쇠를 이 나이에 논할 수 있겠습니까? 인생의 수레바퀴, 인생의 드라마가 어떻게 돌아갈지 아무도 알 수 없지요. 그게 삶이고 인생 아닙니까? 지금 이 시간 60~70대를 보내고 있는 여러분은 인생의 절정기와 삶의 황금기를 누리고 계십니다. 하오니 열심히 사시고, 즐겁게 사십시오. 범사에 감사하고 베풀고 봉사하며 사시고, 서로 사랑하며 넓은 마음을 가지고 사십시오. 노 철학자의 말씀대로 이렇게 사는 것이 60대 중반~70대 중반을 참되고 멋지고 행복하게 사는 비결이라는 것을 다시 한 번 깨닫고 실천하시기 바랍니다.

1951년 제2차 국제노년학·노인의학회(IAGG)에서는, 노인이란 인간이 노화의 과정에서 생리적·심리적·환경적·행동적 변화가 복합적으로 상호작용하고 있는 사람이라고 정의했습니다. 이 학회에서는 노인이란 정의를 다음과 같이 세부적으로 나누어 설명하기도 했습니다. 즉 환경 변화에 적절히 적응할 수 있는 조직 기능이 감퇴되고 있는 사람이고, 생체의 자체 통합 능력이 감퇴되어 가는 시기에 있는 사람이고, 인체의 기관, 조직 기능에 쇠퇴 현상이 발생하는 시기에 있는 사람이고, 생활상의 적응 능력이 점차로 감퇴되어 가는 사람이고, 체내 조직의 예비 능력이 감퇴하여 적응에 실패하는 사람으로 정의했습니다.

미네소타 주 의학협회가 밝힌 노인이란 본인 스스로 늙었다고 느끼는 사람이고, 배울 만큼 배웠다고 느끼고, 이 나이에 그깟 일을 무엇하러 하느냐고 생각하는 사람이고, 내일을 기약할 수 없다고 느끼는 사람이고, 젊은이들의 활동에 아무런 관심이 없는 사람이며, 듣는 것보다 말하는 것을 좋아하는 사람이며, 좋았던 그 시절을 몹시 그리워하는 사람이라고 정의했습니다.

혹자는 노인이 단순히 오래 살았다고 해서 늙는 것이 아니며 단지 세월이 피부를 주름지게 할 뿐이라고 말했다. 또한 늙지 않겠다고 마음먹었기에 앞으로 더 성장할 수 있다고 생각하는 그때까진 안 늙었지만, 후회가 꿈을 대신하는 그 순간부터 그리고 꿈꾸지 않는 그 순간부터 바로 늙기 시작하고 늙는 것이다 하고 힘주어 말했습니다.

노년기에 있는 사람을 노인이라고 말하는데, 우리나라의 현행법에는 만 65세부터 노인이라고 칭하고, 이때부터 각종 경로우대를 받기 시작합니다. 국공립공원, 기차표, 전철, 사찰 관람, 케이블카 등의 할인 혜택을 받습니다.

노인이란 칭호는 당사자에게는 그리 달갑지 않은 용어입니다. 늙은이란 뜻으로써 긍정적인 표현이 아니므로 어르신, 시니어, 실버란 말로 대체하는 경우가 많습니다. 노년이란 표현도 그리 좋아 보이지 않기는 마찬가지입니다. 살면서 나이를 한 살 더 먹는 게 서럽고 안타깝고, 가는 세월이 야속하지만, 그 누구도 가는 세월을 멈추거나 막을 수는 없습니다. 최근에 인간의 수명이 길어지면서, 노인의 정의를 65세에서 70세로 바꿔야 하지 않겠느냐고 주장하는 이들도 있습니다.

이제 우리나라도 현대 의학의 발달과 생활 여건 및 환경의 개선으로 인해 오래 사시는 어르신들이 늘어나 노인 문제가 사회적 관심의 대상이 되고 있습니다. 노후를 편안하게 보내는 노인은 그리 많지 않으며, 젊은 세대에게는 귀찮은 존재가 되었고, 행정 당국에게는 골치 아픈 두통거리가 되고 있으니, 노인 문제가 심각한 사회 문제가 아닐 수 없습니다.

이처럼 날로 심각한 사회 문제로 대두되고 있는 노인의 문제에 대해 세계적·국민적 관심을 고취시키고, 노인에 대한 공경과 감사한 마음을 새기기 위해 유엔이 제정한 날이 '세계 노인의 날'입니다. 좋은 취지를 가지고 1990년 오스트리아의 수도 빈에서 열린 제45차 유엔 총회에서 10월 1일을 세계 노인의 날로 결의하고, 1991년 10월 1일부터 전 세계 유엔 사무국에서 제1회 세계 노인의 날 행사를 거행했습니다.

하지만 우리나라에서는 유엔이 정한 노인의 날인 10월 1일이 국군의 날인 관계로 부득이 10월 2일을 노인의 날로 결정하고, 1997년 5월 9일에 법정 기념일로만 지정했습니다. 노인 공경과 경로효친 사상을 고취시키고, 앙양하고, 전통문화를 계승하고 발전시켜 온 어르신들의 노고를 치하하기 위해 제정된 법정 기념일이 대한민국 노인의 날입니다. 이런 귀중한 노인의 날이 하필이면 10월 2일로 되어 있습니다. 그런 관계로 사람들은 10월 1일 국군의 날과 10월 3일 개천절은 누구나 잘 알고 있지만, 이 두 날의 중간에 끼어 샌드위치 신세가 되어 버린 노인의 날 10월 2일은 사람들에게 특별한 날로 기억되지 못하고 있는 것 같아서 몹시 씁쓸하고 안타깝습니다. 10월 한 달을 경로의 달로 지킨다고 말로는 합니다만, 빛 좋은 개살구처럼 허울 좋은 노인의 날로 있으나마나한 기념일이 된 지 오래인 느낌이 듭니다. 그래서 하루 빨리 국가에서 노인의 날을 10월 8일이나 10월 10일로 바꾸고, '법정 공휴일'로 지정해 주시길 간절히 바라고 또 원합니다. 이웃 일본에도 우리 노인의 날과 유사한 경로의 날이 있는데, 일본에서는 이날을 공휴일로 제정해서 지키고 있습니다.

  5월 5일 어린이날은 어린이가 주인공이듯이, 우리가 바라는 대로 10월 8일이나 10월 10일을 노인의 날로 바꾸어 공휴일로 지정하면 그날에는 부모님들이 주인공이 되어, 온 가족이 한자리에 모여 부모님과 함께 식사하면서 부모님의 은혜에 감사하며, 건강을 기원하며, 오붓하고 즐거운 시간을 보내길 바라는 마음이 굴뚝같습니다. 노인을 배려하는 국가의 시급한 대책이 하루빨리 이루어지기를 간절히 바라고 또 원합니다. 노인의 날에 어르신들이 주인공이 되는 뜻깊은 하루가 되도록 정성을 다하여 드리는 것이, 실버 세대를 조금이나마 이해하고 공경하는 사랑의 표현인 동시에 마음에서 우러나는 작은 선물이 아닐까 생각해 봅니다.

역설적으로 들릴지 모르지만 어린이들을 모질게 대해서 어린이날이 생겼고, 부모에 대한 효심이 줄어들면서 어버이날이 생겼으며, 스승에 대한 존경심이 약해져서 스승의 날이 생겼다고 말하기도 합니다. 또한 노인에 대한 경로효친 사상과 노인에 대한 공경심이 날로 줄어드는 바람에 노인의 날이 생기지 않았나 하고 유추해 봅니다.

경로효친 사상이 땅에 떨어지고 노인이 제대로 대접을 못 받고 사는 이 세상이지만, 그럼에도 불구하고 어떻게 처신하고 행동해야 참 노인으로 살아갈 수 있을까? 곰곰이 생각을 하고 또 생각해 보니 맨 먼저 노인은 노인(怒人)이 되어서는 안 됩니다. 즉 화를 잘 내는 사람이 되어서는 안 되고, 화를 참아 내며 잘 다스리는 인자한 사람이 되어야 합니다.

그다음에는 노인(努人)이 되어야 합니다. 즉 매사에 최선을 다해 노력하는 사람이 되어야 합니다.

마지막으로 우리 노인들이 지향해야 할 최종적인 단계는 노인(露人)이 되는 것입니다. 즉, 이슬처럼 맑고 순수한 마음을 지닌 사람이 되어야 합니다. 다시 말해, 화를 잘 다스리고, 인내하며, 매사에 노력을 하고, 이슬처럼 맑고 순한 마음을 항상 유지하며, 신선하고 산소 같은 마음으로 살아가는 사람이야말로 '참 노인'이라고 생각합니다.

하지만 노인의 특성상 위에 기술한 참 노인 상을 가지고 행동하는 노인은 그리 많지 않습니다. 일상생활에서 그렇게 행동하는 게 절대로 쉬운 일이 아니기 때문입니다. 그러므로 실천하기 대단히 어려운 일이라는 것을 우리 모두 알고 있어야 합니다.

혹자는 삶의 전 과정을 알파벳에 비유하여, 알파벳 B와 D 사이에 존재할 뿐이라고 말하기도 합니다. B는 출생(birth)을 의미하고, D는 죽음(death)을 뜻합니다. 다시 말해 사람이 태어나서 죽음에 임하기까지의 공간과 시간의 흐름이 삶의 전부라는 뜻입니다. 사람이 태어나서 죽음에 이르기까지 그 과정에 C(current)가 존재하는데, 이것의 연속이 바로 우리가 일생 동안 누리는 삶의 공간이 됩니다.

현재 우리나라 법률에서도, 기관에 따라 노인의 나이에 대한 기준이 획일적이지 못하고 제 각각입니다. 고용촉진법에서는 55세 이상을 고령자로 보며 50~55세 미만을 준고령자로 보고 있습니다. 산업재해 보상보험법에서는 61세를 고령자로 봅니다. 노인복지법에서는 만 65세 이상을 노인 자격으로 인정하고 있습니다. 그러나 국민연금법상에서는 노령연금 수급 대상을 60세로 규정하고 있습니다. 이처럼 노인으로 인정하는 나이의 기준이 다루는 기관마다 다르다 보니 조금은 헷갈리기도 합니다.

인구의 고령화와 사회구조 및 가치관의 급격한 변화에 따른 노인의 문제는 비단 한국에만 국한된 것은 아닙니다. 날로 심각한 사회 문제로 대두되고 있는 노인 문제에 대한 범국민적인 관심을 고취시키기 위해, 그리고 우리의 전통 미풍양속인 경로효친 사상을 앙양하고 고취시키기 위해, 1982년 5월 8일에 제정 공포된 일종의 시민 헌장이 바로 '노인헌장'입니다. 이 헌장은 전통적인 윤리 측면뿐만 아니라 인간은 나이가 들어서도 인간답게 살아야 하며, 그러기 위해서는 본인의 노력과 더불어 사회와 국가의 뒷받침이 있어야 한다는 반강제적인 조항이 삽입되어 있습니다. 세계 최초의 노인헌장이라는 점에서도 특별한 의의를 지니는 이 헌장은 전문과 5개 조항으로 되어 있습니다. 전문에는 노인의 위치, 산업사회 속에서 노인이 처한 상황, 선 가정 후 사회의 노인 대책, 노인의 책임 등을 천명하고 있고, 노인이 나라의 어른으로서 받들어져야 할 실천사항을 구체적으로 명시한 5개 조항으로 되어 있습니다. 5개 조항을 살펴보면 다음과 같습니다.

첫째, '노인은 가정에서 전통적인 미덕을 살려 자손의 극진한 봉양을 받아야 하며, 사회와 국가는 이를 적극 도와야 한다. 둘째, 노인은 의식주에 있어서 충족되고 안락한 생활을 즐길 수 있어야 한다. 셋째, 노인은 심신의 안정과 건강을 누릴 수 있어야 한다. 넷째, 노인은 자신의 능력에 따라 사회 활동에 참여할 수 있어야 한다. 다섯째, 노인은 취미와 오락을 비롯한 문화생활과 노후 생활에 필요한 지식을 얻는 기회를 가져야 한다.'

노인헌장이 제정된 지 27년이 지난 2009년에 신 노인 헌장이 민간인 주도하에 제정 발표되었습니다. 그 내용을 보면, 노인의 자발적 역할을 강조하고, 사회의 짐이 아닌 힘이 될 수 있는 노인의 존재 의미를 포함하고 있습니다. 또한 고령사회가 국가 발전과 경쟁력을 약화시킨다는 우려와는 반대로, 행복한 노년의 삶을 만들어 갈 때, 힘찬 대한민국이 될 수 있다는 희망의 내용을 담고 있습니다.

현대 산업사회에서 인구 증가와 도시화, 핵가족화 등에 따른 노인 복지 문제가 대두되는 것이 일반적인 추세입니다. 아직도 급속한 산업화 과정 아래 있는 한국의 상황에서 점차로 희미해져 가는 경로효친 의식을 되살려야 한다는 필요성이 절실하게 제기되었습니다. 그에 따라 보다 적극적인 해결책을 모색하기 위해 제정된 것이 바로 노인헌장이고 노인의 날입니다. 예로부터 우리 민족은 경로효친의 덕을 가장 큰 덕으로 여겨온 단일민족입니다. 그러기에 앞으로도 한민족의 정체성이며 세계적으로 자랑거리인 경로효친의 미덕을 실천하기에 추호의 소홀함이나 미흡함이 없어야 할 줄로 생각합니다.

그런데 우리의 현실은 너무나 이와 대조적으로 흘러가고 있습니다. 우리의 마음을 서글프게 하는 일들과 사건들이 너무 많이 발생하고 있어서 가슴이 아프고 너무너무 안타깝습니다. 다시 말해, 노인헌장이 제정 선포된 지도 벌써 35년이 되었는데, 노인 공경과 경로효친에 대한 우리 사회의 인식은 어떻게 변해 가고 있습니까? '노인 학대'란 단어가 우리의 귓가에 맴도는 이유는 무엇 때문입니까? 이를 곰곰이 생각해 볼 시점에 도달해 있다고 감히 생각해 봅니다.

국민교육헌장, 어린이헌장에 이어 세 번째로 제정된 것이 노인헌장입니다. 세계에서 노인헌장이 제정된 것은 한국이 최초로써, 그만큼 우리나라는 경로효친 사상이 남달랐다는 뜻입니다.

하지만 노인헌장이 제정되어 선포된 지 벌써 35년이 지났습니다만, 지금 우리 사회는 과연 얼마만큼 노인헌장대로 이루어지고 있을까요? 과연 얼마나 실천하고 있을까요? 노인헌장에 제시된 바와 같이 노인 공경과 경로효친을 부르짖는 나라에서 노인학대가 끊이지 않고 매년 증가하고 있다니, 너무도 아이러니컬하다고 생각합니다.

노인복지법상 65세 이상의 노인에 대해 그의 가족이나 타인 등이 노인에게 신체적·정신적 폭력, 성추행 및 성폭력, 경제적 착취, 가혹 행위, 유기, 방임하는 모든 태도를 '노인 학대'라고 말합니다. 그뿐만 아니라 노인 스스로 자기를 돌보지 않거나 노인의 부양이나 수발을 담당하고 있는 부양자가 의도적 혹은 비의도적으로 노인에게 신체적·정서적·성적·재정적인 손상을 가하거나 부양 의무를 소홀히 하는 것을 노인 학대라고 말합니다.

노인 학대가 일어나는 주된 원인들은 부양 의무에 대한 갈등, 학대 행위자인 가해자의 학대의 전이, 즉 자녀가 과거에 학대를 당한 경험을 앙갚음하는 태도를 말합니다. 이와 함께 노인의 정신장애, 노인의 알코올 중독, 가정의 경제적 문제, 가족관계의 불화, 재산 문제, 노인의 난폭한 성격, 치매 등이 있습니다.

노인 학대의 대표적인 행위는 신체적 학대, 정서적 학대, 성적 학대, 경제적 학대, 방임 및 자기 방임, 유기로 6가지 유형이 있습니다. 그중에서도 정서적 학대가 제일 많은 비중을 차지하고 있습니다. 또한 신체적 학대로 자식에게 '매'를 맞는 노인이 발생하고 있다는 어처구니없는 안타까운 소식이 전해지고 있어서, 노년을 보내고 있는 한 사람으로서 가슴이 너무 아프고 미어집니다. 행위자별 학대 유형은 가족이 85% 이상으로, 그중 아들이 제일 많고, 그다음은 배우자, 딸, 며느리 차례였습니다. 그다음은 기타 기관(노인요양기관 등)이나 타인, 손자손녀와 친인척, 사위 차례였습니다.

학대 피해 노인의 가구 형태를 보면 노인 단독 거주, 자녀와 동거하는 경우, 노인 부부만 사는 경우, 기타, 자녀와 손자손녀가 동거하는 경우, 손자손녀하고만 동거하는 순서였습니다. 그중에서도 노인 단독 거주가 제일 많은 비중을 차지했습니다.

2011년부터 6년간 노인 학대 신고 건수가 자그마치 7만 건 이상이 접수되었으며, 전체 피해 노인 중 3분의 2가 여성이고, 나머지 3분의 1은 남성이었다고 합니다. 노인 학대를 당한 연령을 보면 70대가 가장 많았고, 뒤이어 80대이었고, 나머지는 60대 순서였습니다. 그런 가운데 2017년 9월 우리나라의 노인인구는 자그마치 709만 명으로, 이 중 65세 이상 노인의 9.9%가 학대를 경험했으며, 학대를 받은 노인의 25%는 치매 환자였다고 합니다. 이처럼 고령사회로 접어들면서 노인 학대가 해마다 증가하고 있는 우리나라로서, 노인 학대 문제는 일부 노인들만의 안타까운 사연이 아니기에, 이젠 정부의 대책 마련이 아주 시급한 발등의 불이 되어 버렸습니다.

2006년 유엔과 세계 노인 학대 방지 네트워크는, 노인에 대한 부당한 처우를 개선하고 노인 학대의 심각성을 널리 알리기 위해, 아울러 노인 학대의 예방과 관심을 촉구하기 위하여, 매년 6월 15일을 '세계 노인 학대 인식의 날'로 지정했으며, 이후 노인학대에 대한 인식의 제고 및 방지를 위한 다양한 행사가 개최되었습니다. 우리나라도 2015년에 노인복지법을 개정하여 범국민적으로 노인 학대에 대한 인식을 높이고 관심을 유도하기 위해서 2017년부터 매년 6월 15일을 '노인 학대 예방의 날'로 지정했습니다.

아동 학대 가해자가 부모인 경우가 많은 것과는 달리, 노인 학대의 주된 가해자는 가족입니다. 그중에서도 자녀가 가장 많은데 딸보다는 아들이 훨씬 더 많습니다. 노인 학대의 경우에도 피해자나 가해자를 제외하면, 그 이외의 특징은 아동 학대와 별다른 차이가 없습니다.

현대 의학의 발달과 생활 여건의 개선으로 인해 오래 사는 어르신들이 늘어나면서, 복지 비용이 증가함에 따라 노인 부양비가 증가하고 건강보험이나 노인 장기요양보험의 재정 그리고 연금 재정이 모두 적자로 전환될 것이 예상됩니다. 이에 따라 젊은이들은 노인들을 존경하기보다는 부담스러운 존재로 여기게 되고, 앞으로 세대 간의 갈등은 불 보듯 뻔한 일이 되었습니다. 이런 비우호적인 환경 속에서 살아가야 하는 노인들도 오래 사는 것이 마냥 즐거운 일만은 아닌 것 같습니다. 왜냐하면 노후 준비가 잘된 노인들은 문제가 없겠지만, 대다수는 자식들에게 전부를 걸었음에도 불구하고 자식들에게 효도나 공경을 받는다는 것을 기대하기는 어렵기 때문입니다.

로마의 정치가 키케로(M.T.Cicero)는 "노인의 사회적 위상은 노인 스스로에게 있다. 노인들은 스스로 육체적·정신적 건강을 지켜야 한다. 스스로 싸우고 권리를 지키며 누구에게든지 의지하려 하지 말아야 한다. 마지막 숨을 거둘 때까지 스스로를 통제할 수 있을 때에만 존중받을 것이다"라고 말했습니다. 오늘을 살아가는 장수 시대의 노인들이 깊이 새겨들어야 하는 말이라고 생각합니다.

무엇 때문에 우리나라에서 오늘날 노인헌장이 제대로 지켜지지 않고, 이처럼 있으나마나하고 허울 좋은 헌장으로 전락하고 있으며, 노인 학대는 왜 날로 계속 증가하는지 우리 모두 곰곰이 반추해 봐야 합니다. 늦은 감이 있지만 이제부터라도 정부가 발 벗고 나서서 하루빨리 대책 마련에 힘써야 할 때라고 생각합니다. 노인이 제대로 대접을 받고 노인이 살기 좋은 지상낙원처럼 생각되는 내 나라 내 조국으로 만드는 데 노인뿐만 아니라 온 국민이 힘써 주고 앞장서 주기를 간절히 바라고 소망합니다.

"너희가 노년에 이르기까지 내가 그리하겠고 백발이 되기까지 내가 너희를 품을 것이라 내가 지었은즉 내가 업을 것이요 내가 품고 구하여 내리라"(사 46:4).

"두려워하지 말라 내가 너와 함께함이라 놀라지 마라 나는 네 하나님이 됨이라 내가 너를 굳세게 하리라 참으로 너를 도와주리라 참으로 나의 의로운 오른손으로 너를 붙들리라"(사 41:10).

"이는 네 생명의 회복자이며 네 노년의 봉양자라 곧 너를 사랑하며 일곱 아들보다 귀한 네 며느리가 낳은 자로다 하니라"(룻 4:15).

"예루살렘 길거리에 늙은 남자들과 늙은 여자들이 다시 앉을 것이라 다 나이가 많으므로 저마다 손에 지팡이를 잡을 것이요"(슥 8:4).

"늙은이를 꾸짖지 말고 권하되 아버지에게 하듯 하며 젊은이에게는 형제에게 하듯 하고 늙은 여자에게는 어머니에게 하듯 하며 젊은 여자에게는 온전히 깨끗함으로 자매에게 하듯 하라"(딤전 5:1-2).

"아비들아 너희 자녀를 노엽게 하지 말고 오직 주의 교훈과 훈계로 양육하라"(엡 6:4).

"너는 센 머리 앞에서 일어서고 노인의 얼굴을 공경하며 네 하나님을 경외하라 나는 여호와이니라"(레 19:32).

"어른이라고 지혜롭거나 노인이라고 정의를 깨닫는 것이 아니니라"(욥 32:9).

II. 노년에 찾아오는 4가지 고통

　불지 않으면 바람이 아니고 가지 않으면 세월이 아니듯이, 늙지 않으면 사람이 아닙니다. 이 세상엔 그 어떤 것도 무한하지 않습니다. 그래서 사람도 늙기 마련입니다. 노후나 노년은 아무도 피하지 못하는 우리 모두의 엄연한 현실입니다. 이 사실을 예견하고 준비하는 사람과 자기와는 무관한 일로만 알고 사는 사람이 있을 뿐입니다.

　한국의 노인들은 외국의 노인들과는 달리 나이가 들수록 행복감이 떨어져 행복지수가 최하위 수준에 도달한다고 합니다. 그 이유인즉 대한민국의 사회복지 제도가 선진국처럼 제대로 이뤄지지 않기 때문에 대한민국의 대다수 노인들은 나이가 들어 갈수록 행복지수가 떨어지는 것입니다.

　불교에서 말하는 생로병사는 사람이면 누구나 피할 수 없이 겪는 필연적인 4가지 고통을 말합니다. 즉 태어나고, 늙고, 병들고, 죽는 4가지 고통인데, 이는 모든 사람의 한평생을 시간으로 분류하여 4가지 모습으로 설명하는 말입니다. 또한 희로애락을 겪으면서, 인고의 세월을 보내며 힘겹게 살다 보면, 눈가와 이마에 자리 잡은 주름들이 제법 친숙하게 느껴지는 노년에 다다를 때, 으레 4가지 고통인 사중고가 찾아오기 마련입니다. 사중고에는 질병고, 빈곤고, 고독고, 무위고가 있습니다. 그것들은 결코 남의 일이 아니라 나도 반드시 겪어야 하는 바로 나의 일이라는 사실을 알아야 합니다. 한국의 노인들은 외국 노인들과는 달리 나이가 들수록 사중고에 너무 많이 시달리고 있습니다. 이것이 우리나라 노인 행복지수가 최하위 수준인 이유 중 하나입니다.

첫 번째가 질병고입니다.

늙었다는 것은 육신을 오랫동안 많이 사용해서 닳고 닳았다는 뜻입니다. 오래 사용했으니 여기저기 고장이 나는 것은 당연지사라고 생각합니다. 고혈압, 당뇨병, 퇴행성 관절염, 류머티스 관절염, 심장 질환, 전립선 질환, 요통, 골다공증은 세계 모든 노인들이 공통으로 가지고 있는 질병들입니다. 그 외에 뇌혈관 질환인 뇌졸중(뇌출혈, 뇌경색), 암, 치매 등으로 고생하는 노인들도 늘어나고 있습니다. 노인의 22%가 노인성 질환으로 고통을 받고 있습니다. 이런 만성 노인성 질환뿐만 아니라 간병에 무척 애를 먹는 노인성 치매 환자 수도 날로 늘어 현재는 72만 5천 명에 이른다고 추정하고 있습니다. 그중 75%가 알츠하이머 치매이며, 학대를 받는 노인 중 25%는 치매 환자라고 합니다. 이는 노인 10명 중 1명이 치매를 앓고 있다는 계산입니다.

그럼에도 불구하고 그들을 수용해서 치료할 시설과 병원이 턱없이 부족합니다. 이것이 대한민국의 복지 사각지대이며 대한민국의 서글픈 현실입니다. 대한민국의 노인 복지 정책을 보면, 가슴이 너무 아프고 아려와 말할 수 없이 슬프고 또 슬픔니다. 최근에 치료와 간병에 애를 먹는 치매 질환이 기하급수적으로 증가되어 본인뿐만 아니라 온 가족이 고통을 받고 있는데, 이를 지원하는 노인 장기요양보험 서비스 혜택은 전체 노인의 5.6%만 받고 있는 실정입니다. 이것이 대한민국의 복지 수준의 현주소입니다.

늙은 것도 서러운데 여러 가지 질병까지 겹치니 심신의 고통은 이루 말할 수 없고, 늙어서 병이 들면 잘 낫지도 않습니다. 건강은 건강할 때 지키고 관리해야 함이 원칙이라는 것을 명심하십시오. 많은 노인들이 질병의 고통에 시달리는 것은 불가항력적인 것도 있겠지만, 건강할 때 건강 관리를 소홀히 한 것이 주된 원인 중의 하나라는 것을 아셔야 합니다.

노년이 되면 지병이 없는 사람은 드물겠지만, 노년이 될수록 체력을 적극적으로 관리해서 질병을 예방할 수 있도록 힘써야 합니다. 나이 들어서도 계속할 수 있는 가장 좋고 효과적인 운동은 '걷기'입니다. 매일 지속적인 걷기는 심신이 함께하는 전신운동이고, 보약 중에 최고의 보약입니다. 꾸준히 오랫동안 걸은 사람은 아픈 데가 별로 없습니다. 지속적으로 꾸준히 하는 걷기운동은 때로는 고독하고 힘든 자기와의 싸움이 되기도 합니다.

한편 대한노인병학회는 노인의 날 즈음하여, 노령인구가 겪는 만성 질환에 대한 관리의 중요성을 널리 알리고 건강 실천 행동을 유도하고자 2016년 9월 30일에 '건강 수명 연장 7계명'을 발표했습니다. 고령사회로 빠르게 진입하고 있지만 노년에 건강한 삶에 대한 지표가 그다지 긍정적이지 않다는 게 학회의 진단입니다. 통계청이 발표한 기대 수명과 건강 수명의 자료를 분석한 바에 의하면, 국민의 기대 수명은 82.4세로 높지만, 건강한 생활을 영위하는 건강 수명은 65.4세로 기대 수명보다 17년이나 낮아서, 건강 수명의 연장이 노인 문제의 새로운 화두가 됐습니다. 건강 수명 연장을 위한 7계명은 다음과 같습니다.

1. 소금의 섭취를 반으로 줄이십시오.
2. 깨끗하고 건조한 실내(온도)를 유지하십시오.
3. 금연과 금주를 실천하십시오.
4. 숨이 조금 더 찰 정도로 운동을 매일 30분 이상 꾸준히 하십시오.
5. 친구를 자주 만나고 사회활동을 즐겁고 신나게 많이 하십시오.
6. 고혈압, 고지혈증, 당뇨병이 있다면 건강 생활 습관과 약물 치료로 적극적인 관리를 하십시오.
7. 몸과 마음의 건강을 위해 의사와 주기적으로 상담을 하십시오.

이처럼 건강 수명 연장을 위한 7계명은 고혈압, 고지혈증, 당뇨병을 약물 치료로 적극적으로 관리하고, 소금 섭취, 흡연, 음주를 줄이고 운동과 사회활동을 활발하게 해야 한다는 것으로, 생활습관 개선의 중요성을 강조하고 있습니다. 그리고 백세 인생이라는 말처럼, 질병에 걸리지 않고 늘어난 기대 수명만큼 건강하게 오래 살려면, 늘어만 가는 만성 질환에 대한 예방과 관리가 절대적으로 필요하다는 지적도 나왔습니다.

두 번째가 빈곤고입니다.

경제협력개발기구(OECD) 35개 국가 중에서 우리나라 노인의 빈곤율이 48.4%로 독보적인 1위입니다. 노인의 자살율도 1위를 기록하여 노인 복지 후진국이란 불명예를 짊어지고 있습니다. 노인 복지 선진국들의 노인 빈곤율은 노르웨이가 5.5%, 덴마크는 8%로 대한민국과 비교가 안 됩니다. 다시 말해 우리나라의 노인들 절반이 가난에 허덕이고 있고, 이들의 연간 소득은 1천만 원 미만이라고 합니다. 참으로 서글픈 현실이 아닐 수 없습니다. 아 슬프고 슬프도다! 오호통재라!

같은 가난이라도 노년의 가난은 더욱 고통스럽습니다. 나이 들어 가진 것이 없다는 것은 해결 방법이 따로 없으며, 그렇다고 그대로 방치할 수도 없는 사회 문제이기도 합니다. 1차적인 책임은 본인에게 있지만, 그들이 우리 사회에 기여한 노력에 대한 최소한의 배려는 제도적으로 보장해 줘야 하지 않을까 생각해 봅니다. 빈곤으로 고통이 심해지면 자살이라는 극단적인 선택을 할 수 있기 때문에, 빈곤은 인간답게 살 수 있는 기회마저 빼앗는 아주 무서운 암적인 존재입니다.

그러한 가난의 고통을 해결하기 위한 개인적인 준비는 저축,

보험, 연금 가입 등이 있습니다. 결코 노년을 가볍게 생각해서는 안 되며, 지금처럼 평균 수명이 길어진 시대일수록 은퇴 후의 삶이 더욱 중요하게 생각됩니다. 삼성생명 은퇴연구소에 의하면, 노후의 생활에 필요한 최소한의 생계비는 월 193만 원이고, 매월 평균 288만 원이 필요하다고 합니다. 우리나라 노인들의 현실은 어떤가요? 이는 먼 나라 얘기일 뿐입니다. 또 다른 보고에 의하면, 60세에 은퇴한 후에 90세까지 30년을 더 살 때에, 중상류층의 수준으로 필요한 노후 자금은 자그마치 13억 5천만 원이나 된다고 합니다. 이렇게 많은 돈을 가지고 있는 국민과 노인이 대한민국에 몇 명이나 있을까요? 은퇴 후에 이처럼 많은 돈이 필요하기 때문에 은퇴하기 전에 미리 준비하고 빈곤을 이겨낼 방법과 해결책을 강구해야만 합니다.

세 번째가 고독고입니다.
고독은 독거노인의 증가와 맞물리면서 무연사하는 노인이 급증하도록 만듭니다. 또한 가족이나 자녀들과의 접촉이 한 달에 한두 번 정도이고 가까운 이웃과도 왕래가 줄어드는 등 사회적 관계 감소 및 단절로 인해 안타깝게도 고독사는 계속해서 늘어나고 있습니다. 이는 사회적인 큰 문제가 아닐 수 없습니다. 나이가 들면 수입이 줄거나 끊어지고, 친구와 친지들이 하나둘 먼저 세상을 떠나가며, 더 나아가 육체적으로 쇠약해져 나들이 가기도 어려워집니다. 그때의 고독감은 생각보다 훨씬 심각합니다. 그로 인해 마음의 병이 생기기도 합니다. 외로움과 소외감으로 찾아오는 고독감은 참으로 무섭습니다. 그래서 혼자 지내는 연습이 절대로 필요합니다. 혼자서도 잘 지낼 수 있는 사람이 가장 강한 사람입니다. 고독감은 자기 혼자의 힘과 노력으로 극복해야 합니다. 이는 전적으로 자기 자신과의 문제이기 때문에 가족조차도 도와줄 수 없습니다. 고독과 싸우는 것은 힘들고 벅찬 일이라는 것을 알고 자기 스스로 만반의 준비를 해야 합니다. 앞에서 기술한 질병, 빈곤과 함께 고독을 '삼악'(三惡)으로 일컫기도 합니다.

네 번째가 무위고입니다.

은퇴와 동시에 노인의 사회적 역할이 축소되므로 노인을 무능한 존재로 인식하고, 노인에 대한 존경심도 세계 최하위의 수준으로 곤두박질했습니다. 이렇게 노인의 위상이 악화되면서 학대받는 노인도 증가하고 있습니다. 백세 수명이 보편화되어가는 오늘의 세상과 사회에서 노인이 행복해지려면, 첫째 노인의 생애 주기에 맞춰 정년 연장, 은퇴 시기를 탄력 있게 선택하도록 하여 제2의 커리어를 만들 수 있게 하고, 이에 맞춰 노인의 연령도 순차적으로 70세로 조정하는 것이 좋을 듯합니다.

둘째로 전체 노인들에게 지급되는 기초노령연금을 현재보다 두 배 이상으로 올려 지급하여 빈곤율을 10% 이하로 낮추면서, 셋째로는 미래 노인들이 행복할 수 있도록 단기·중기·장기

계획을 국가에서 마련하여 순차적으로 추진해야 한다고 생각합니다.

사람이 나이 들어 마땅히 할 일이 없으면, 이것 또한 하나의 고문입니다. 몸도 건강하고 돈도 있지만, 할 일이 없으면 그 고통에서 벗어나기가 힘들고 어렵습니다. 노년의 가장 무서운 적은 무료함입니다. 하루 이틀도 아닌 긴 시간을 할 일 없이 지낸다는 것은 고역이고 정말로 고통스러운 일입니다. 그래서 나이 들어서는 혼자 할 수 있는 것을 구상하고 찾아서, 이를 실천하기 위한 특별한 준비를 하고 대책을 세워 나가는 과정이 필요합니다. 소일거리를 준비하고 혼자서도 즐기면서 시간을 보낼 수 있는 취미생활은 필수적입니다. 그중에서 가장 보편적이고 일상적인 활동은 독서, 음악 감상, 바둑 두기, 화초 가꾸기, 여행, 등산, 글쓰기, 붓글씨(서예), 그림 그리기(회화), 사진 촬영, 게이트볼, 요가, 에어로빅, 컴퓨터 잘 다루기 등이 있습니다.

뚜렷한 계획이나 목표 없이는 성공하기 매우 어렵습니다. 또한 이런 취미 생활은 하루아침에 되는 것이 아니기 때문에, 긴 시간을 두고 미리미리 이를 준비하며 적응하는 시간을 갖도록 노력해야 합니다. 그리하여 일상생활 속에 자연스럽게 자리잡을 수 있게 해야 합니다. 다른 하나는 노년층에서 급속도로 보급되는 컴퓨터를 잘 다루는 일입니다. 지금은 컴퓨터를 못하면 소외되는 세상이니, e-메일은 물론이거니와 블로그를 개설해서 운영하거나 SNS를 하는 것도 좋습니다. 신세계가 펼쳐지는 것을 경험할 것입니다. 더불어 다른 세대의 생각을 이해할 수 있고, 정보도 얻게 되며, 이는 젊게 사는 또 다른 방법이기도 합니다. 컴퓨터 사용은 노년을 두렵게 만드는 치매의 예방에도 더할 나위 없이 좋은 방법입니다. 사이버 세계는 세대 차이가 없고 모두가 네티즌일 뿐입니다.

위와 같이 노년의 4가지 힘든 고통은 옛날에도, 지금도, 그리고 미래에도 모든 사람들에게 피할 수 없는 현실로 다가옵니다. 하지만 준비와 대처를 잘한다면, 나이가 들어서도 고통을 최소화할 수 있습니다. 그 준비의 정도에 따라 한 인간의 노년은 전혀 달라질 수 있습니다. 인간은 누구라도 마지막에는 '혼자'입니다. 오는 길이 혼자였듯이, 가는 길도 역시 '혼자'라는 것을 명심하시기 바랍니다. 노년에 4가지 고통을 극복하는 일은 행복한 노후를 위해 반드시 극복해야 할 것들입니다.

행복한 노후를 위해 은퇴한 후에는 오우(五友), 곧 다섯 친구가 꼭 필요하다고 생각합니다. 첫째는 건강한 삶을 유지하는 일이고, 둘째는 노후에 필요한 돈과 여유자금을 갖고 있는 일이고, 셋째는 배우자와 백년해로 하는 일이고, 넷째는 은퇴한 후에도 놀지 않고 직장을 구해 일을 하는 것이며, 다섯째는 옛 친구뿐만 아니라 좋은 친구를 만나 사귀고 그 관계를 잘 유지하는 일입니다. 이 오우는 노년의 4가지 고통을 이겨내는 데 절대적으로 필요한 것들이니 명심하고 꼭 실천하시기 바랍니다.

"백성이 서로 학대하며 각기 이웃을 잔해하며 아이가 노인에게, 비천한 자가 존귀한 자에게 교만할 것이며"(사 3:5).

"그때에 처녀는 춤추며 즐거워하겠고 청년과 노인은 함께 즐거워하리니 내가 그들의 슬픔을 돌려서 즐겁게 하며 그들을 위로하여 그들의 근심으로부터 기쁨을 얻게 할 것임이라"(렘 31:13).

"손자는 노인의 면류관이요 아비는 자식의 영화니라"(잠 17:6).

"아브라함이 나이가 많아 늙었고 여호와께서 그에게 범사에 복을 주셨더라"(창 24:1).

"내가 어려서부터 늙기까지 의인이 버림을 당하거나 그의 자손이 걸식함을 보지 못하였도다"(시 37:25).

"우리의 연수가 칠십이요 강건하면 팔십이라도 그 연수의 자랑은 수고와 슬픔뿐이요 신속히 가니 우리가 날아가나이다"(시 90:10).

"젊은 자의 영화는 그의 힘이요 늙은 자의 아름다움은 백발이니라"(잠 20:29).

"마땅히 행할 길을 아이에게 가르치라 그리하면 늙어도 그것을 떠나지 아니하리라"(잠 22:6).

"너를 낳은 아비에게 청종하고 네 늙은 어미를 경히 여기지 말지니라"(잠 23:22).

III. 대한민국 복지의 민낯

한국의 노인 빈곤율과 노인 자살율은 경제협력개발기구(OECD) 국가 35개국 중에서 불명예스럽게도 1위이고, 노인의 고용률은 2위입니다. 한국의 노인의 빈곤율은 OECD 국가의 평균인 12.4%와 비교하면 4배 가량 높습니다. 노인의 자살률은 2016년의 기준 인구 10만 명당 약 60명 정도로 OECD 국가 중 1위이며, OECD 국가의 평균치보다 3배 가량 높다고 합니다.

그럼에도 불구하고 우리나라의 노인 빈곤율이 갈수록 심각해지는 가장 큰 이유는 노후 준비가 부족하기 때문입니다. 노후 준비의 절대 부족으로 은퇴한 후에도 일을 계속해야 하는 노년층이 늘어나고 있습니다. 이는 대한민국의 노인이 외국의 노인보다 불행하고, 더 나아가 삶을 영위할 수 없는 치명적인 위험에 노출되어 있다는 기막히고 서글픈 반증이기도 합니다.

지난해 대한민국의 중위층 소득은 월 196만 원으로, 월 83만 원 이하의 소득을 기록하고 있는 사람들을 '빈곤층'으로 분류합니다. 한국의 1인당 국민 소득은 2만 7,633달러로 전 세계에서 29위입니다. 이 수치만 놓고 보면 그리 나쁘지 않은데 노인의 빈곤율과 자살율은 OECD 국가 중에서 꼴찌입니다. 도대체 왜 그럴까요? 아무리 생각해도 이해가 안 되고 참으로 아이러니컬합니다. 이렇게 부끄러운 영역에서만 1위 투성인 대한민국이 과연 노인이 살기 좋은 나라인가요?

급변하는 세대에서 해체되는 가족상은 노인의 빈곤 및 자살과 같은 문제점을 낳고 있습니다. 지금 노인 세대는, 부모님을 친히 부양하였지만 정작 본인은 부양을 받지 못하는 첫 번째 세대라고 할 수 있습니다. 그들은 자식들에게 전부를 걸면서도 정작 자신의 노후를 준비할 시간적 여유가 없었던 세대입니다. 이로 인해 경제적으로 어렵고 힘든 시간을 보내고 있으며, 앞으로 살길이 막막해서 한숨과 한탄이 저절로 나온다고 토로합니다. 오호애재라!

대한민국 노인들 중에서 절반 가량은 가난이 몸에 배고 가난에 찌들어서 막막하게 살아갑니다. 또한 노후 준비가 부족하여 많은 노인들이 길거리로 내몰리고 있습니다. 하지만 이들을 위한 양질의 일자리는 고사하고 최소한의 생활과 생계를 위한 일자리마저 턱없이 부족한 실정입니다. 가난이 도둑이고 원수이며 목구멍이 포도청이기에, 어쩔 수 없이 생계를 위해 '폐지와 헌 박스'를 주울 수밖에 없는 악순환이 이어집니다.

삶에 찌들고 지쳐 천근만근이 된 몸과 등에 짊어진 삶의 무게로 구부정한 허리와 쑤시고 아픈 팔다리를 이끌고, 자기 몸보다 몇 배나 더 큰 수레를 끌고 다니면서 몸을 사리지 않고 허리가 휘도록 폐지와 헌 박스를 하루 종일 열심히 수거해 팔아봐야, 하루에 손에 쥐는 돈은 기껏해야 2~3천 원이 전부라고 합니다. 그런데도 매일 폐지를 줍는 노인이 무려 175만 명이나 된다고 하니, 무척이나 답답하고 기가 막힙니다. 폐지를 줍는 노인들의 모습은 대한민국의 우울한 자화상 중의 하나입니다. 이런 가운데 대한민국은 많은 노인들이 가난에 몸부림치고 가난에 울며 떠는 나라가 되었습니다.

이것이 대한민국의 복지의 민낯이며, 복지 후진국임을 적나라하게 보여 주는 징표입니다. 이것이야말로 복지 사각지대(welfare dead zone)가 아니고 무엇이겠습니까? 너무너무 한심하고 개탄스러울 뿐입니다. 대한민국의 행복지수는 35개 OECD 국가 중 26위로 하위권이며, '어떤 나라가 노인이 살기 좋은 나라인가?'라는 설문조사에 응한 96개 국가 중에서 1위는 스위스, 2위는 노르웨이, 3위는 스웨덴이었고, 대한민국은 겨우 60위였습니다. 이와 같이 대한민국은 노인이 살기 힘들고 어려운 나라가 되었으니, 이는 우리나라의 슬프고 암담한 자화상이 아닐 수 없습니다. 대한민국은 노인에게 너무너무 슬픔이 많은 조국이 되었습니다.

우리나라는 대가족에서 핵가족으로 전환된 가족제도의 변화로 65세 이상의 노인들만 사는 단독가구 수가 계속 증가하여, 현재 전체 노인 인구의 절반 이상(51.2%)에 이르고 있습니다. 이는 노인 10명 중 절반 이상이 자식과 떨어져 산다는 이야기입니다.

국내에 살면서도 부모님을 모시려는 자식은 매우 빠른 속도로 줄어들고 있는 게 사실입니다. 특히 질병을 앓고 있는 부모님을 모시기 싫다거나 모실 형편이 안 돼서 요양병원에 맡기고 싶다고 말하기도 합니다. 그런가 하면 최근에는 자기 부모님이 65세나 70세 전에 돌아가시는 것이 좋겠다고 막말에 가까운 말을 죄의식 없이 함부로 하는 젊은이들까지 생겨나서 한심하고 슬픈 마음뿐입니다. 무자식이 상팔자라는 말이 실감나는 그런 시대가 찾아온 것 같습니다. 그렇기 때문에 혹자는 자식과 같이 살면 원수가 되고, 따로 살면 남이 되어 가는 것이라고 말하기도 하며, 자녀들 공부 많이 시키지 말라는 자조적인 말까지 나오고 있습니다. 그래서 자식 눈치 보기 싫고, 신세지고 싶지 않아서 따로 사는 게 오히려 편하다고 말하는 부모들이 늘어가고 있습니다.

이보다 더 가슴 아프고 슬픈 일이 세상에 또 있단 말인가요? 이런 이유로 홀로 사는 노인들(독거노인)이 많아지면서 노인에 대한 사회 문제도 더욱 커질 수밖에 없는 안타까운 현실이 우리 눈앞에 전개되고 있습니다.

우리나라의 노인 4명 중 1명이 독거노인이라고 합니다. 이분들은 특히 고독사를 하는 경우가 많다고 하니 비통한 마음을 금할 길이 없습니다. 매월 개인 소득이 62만 원 이상이 되면 기초생활수급자도 안 되고, 독거노인으로 방문도 받지 못합니다.

독거노인이란 노인에 속한 세대를 구분하는 범주 중의 하나로써 '배우자 및 친족, 비친족 중 누구하고도 함께 거주하거나 가계를 함께 하지 않는 단독 세대, 또는 그 상태에 있는 노인'을 말합니다. 또는 노인 1인 독신으로 가구를 이루고 있는 경우, 특히 국민기초생활보장법에 의해 보호를 받고 있는 거택보호 대상자에 속하는 노인을 말합니다. 또는 65세 이상으로 가족, 친구, 이웃 등 사회적 관계망과 교류가 단절되고 사회적 역할을 상실함에 따라 외로움과 고독감에 시달리며 가족이나 보호자 없이 홀로 살아가는 외롭고 쓸쓸한 노인도 독거노인이라고 합니다. 고령사회가 진행될수록 독거노인의 수가 많이 늘어날 것으로 예상되므로, 이에 대한 정부 차원의 대책이 시급하고 절실합니다.

2017년에 통계청이 발표한 자료에 의하면, 65세 이상의 노인 인구가 계속 증가하는 가운데, 전국에 홀로 살고 있는 독거노인의 수는 대략 150만 9,500명으로 매년 약 0.25%씩 증가하는 추세라고 합니다. 독거노인이 증가하는 주된 이유는 1인 가구화되는 가족의 구조 변화와 어려운 상황에 놓이면 도움을 요청하지 않고 은둔하는 사회 분위기의 영향 등이 아닐까 하고 생각해 봅니다.

독거노인들은 평균 3명 이상의 자녀가 있지만, 본인의 기준 거주지에서 거주를 희망하거나 자녀의 결혼이나 별거 등의 이유로 독거를 하고 있습니다. 독거노인들의 가장 어렵고 힘든 점은 경제적 궁핍(빈곤) 및 불안감, 각종 질병, 간호인의 부재로 인한 긴급 간호 문제, 심리적 불안, 외로움과 고독감, 소외감, 역할 상실 등이라고 할 수 있습니다.

고령사회로 진행되어 가면서, 1인 가구가 증가하고 독거노인이 매년 증가하는 것을 보면 마음이 무겁고 편치 않고 슬플 뿐만 아니라, 화가 머리끝까지 치밀고, 분노의 감정이 울컥 솟구치는 게 솔직한 심정입니다. 이것이 대한민국 노인들이 처한 현주소가 아닐까 하고 쓴웃음을 지어 봅니다. 이런 상황 때문에 가족이나 친구나 사회로부터 격리되어 살다가 쓸쓸하게 홀로 죽음을 맞이하는 경우를 우리는 고독사라고 부릅니다.

혼밥(혼자 먹는 밥상), 혼술(혼자 먹는 술)이 유행하고, 1인 가구가 늘어가는 가운데 고독사라는 단어는 뉴스를 통해 심심치 않게 들어볼 수 있습니다. 고령사회로 진입하고 무연사회가 더욱 확장되면 아마도 고독사 문제는 더욱 심각해지지 않을까 걱정이 됩니다. 고독사가 증가하고 있는 가운데 고독사를 위한 '유품정리 업체'까지 등장했다는 뉴스를 접하고, 외롭고 쓸쓸한 노인의 단면을 보는 듯해서 실소를 금할 길이 없습니다.

독거노인을 위한 대안과 대책에는 다음과 같은 것들이 있습니다. 독거노인의 자립적인 생활을 유도하고, 재정적 안정 및 경제적인 어려움에 도움을 주고, 신체적 및 정신적 건강 문제의 해결에 도움을 주고, 고독함을 달래기 위한 다양한 취미생활과 여가활동을 유도하며, 정기적인 방문 서비스나 전화 서비스를 통해 대화를 나눔으로써 정서적인 안정감을 심어 주고, 식사나 반찬 배달 서비스를 통해 결식하지 않도록 도움과 보살핌을 주는 일 등이 있습니다.

또한 독거노인의 돌봄 서비스를 담당하는 독거노인 생활 관리사가 있는데, 그들은 보호를 요하는 독거노인에게 정기적으로 안전 확인을 통한 정서적인 지원을 도모하고, 건강과 영양 관리 등의 생활 교육, 복지 서비스의 자원 발굴 및 연계 등의 여러 가지 서비스를 제공해 주는 독거노인의 돌봄 서비스를 담당합니다. 그러한 독거노인 생활 관리사의 도움으로 삶과 생활에 어느 정도 안정을 찾는 데 보탬이 될 것으로 생각됩니다. 다시 말해 독거노인의 최소 생활비 실태를 파악하고, 건강을 지켜 주며, 나아가 그들의 생활비 걱정을 조금이나마 덜어 주는 정부 차원의 많은 지원이 필요한 때라고 힘주어 말하고 싶습니다.

요즈음 대한민국은 고령사회와 독거노인을 위한 준비와 대책이 제대로 갖춰지지 않은 상태이기 때문에, 실버들과 노인들이 우울하고 암울한 황혼기와 시니어시프트 시대를 보내고 있습니다. 이러한 열악한 환경과 현실 속에서 정부의 복지 지원 예산 확보와 사회의 지대한 관심이 시급하게 요구되고, 기업과 기업인들도 노인을 위한 실버타운이나 실버 산업의 육성에 적극적인 자세와 지대한 관심을 기울여야 할 때라고 생각합니다.

다른 OECD 국가는 국민총생산량(GDP) 대비 평균 22.1%를 복지비로 지출을 하는 데 반해 대한민국은 9.4%로, 절반에도 못 미치는 실정입니다. 이웃 나라 일본은 우리나라보다 많은 엄청난 복지비 중에서 70%를 노인 복지비에 쓰고 있지만, 아이들에게는 겨우 4%도 안 쓰고 있다고 합니다. 이처럼 사회복지비가 형편없는 대한민국은 일본이란 이웃 나라가 오로지 부러움의 대상일 뿐입니다. 우리나라가 아직까지 고령사회에 대한 뚜렷한 대비책을 제시하지 못하고 있는 것은 대단히 아쉽고 민망한 일입니다. 이제부터라도 국가와 사회 차원의 대비와 준비가 절실히 필요하다고 생각합니다. 아울러 노인 개개인의 적극적인 준비도 함께 필요합니다.

　노인 복지, 고령화, 독거노인 문제 등 전반적인 노인 문제는 머지않아 미래의 내 문제라는 생각과 인식을 갖고, 또한 세월이 지나면 누구나 나이를 먹고 노인이 된다는 평범한 진리를 명심하고, 강 건너 불구경 하듯 쳐다보지 말고 노인 복지와 고령화사회 문제에 지대한 관심을 갖고 많은 노력을 기울여야 합니다. 그래야만 노인의 한숨과 슬픔이 줄어들고, 대한민국이 노인들이 살기 좋은 나라로 바뀔 것으로 기대해 볼 희망이 생기기 때문입니다.

　머지않아 다가올 고령사회와 초고령사회를 대비해서 지금부터 철저한 준비와 만반의 대비책을 강구해야 합니다. 노후 보장제도의 역사도 짧고 매우 부족한 상황이지만 유비무환의 정신을 갖고 노인 복지 등 노인의 전반적인 문제들에 대한 철저한 준비와 대비책을 빈틈없이 그리고 차질 없이 강구하고 추구해 나가야 할 것이라 생각합니다.

　불지 않으면 바람이 아니고 가지 않으면 세월이 아니듯이, 늙지 않으면 사람이 아니지요. 시간의 흐름 속에 사람뿐만 아니라 그의 삶 역시 지향점을 향하여 조금씩 여물어 가고 서서히

익어 갑니다. 인고의 세월을 보내며 삶의 내공이 겹겹이 쌓이고 인내와 침묵 속에 삶의 표적들과 흔적들로 다져진 인생의 나이테가 말해 주듯이, 세상의 매운맛, 쓴맛 다 맛보고 정말로 무엇이 좋고 소중한지를 깨닫고 생각이 깊어지며 행복이 무엇인지 또 세상을 어떻게 살아야 하는지를 아는 나이가 되었습니다.

비록 몸은 조금씩 쇠약해지고 있으며, 육안(肉眼)은 점점 흐려지지만 심안(心眼)은 더욱 밝아지는 그런 나이가 되었습니다. 그러기에 우리의 삶과 인생은 조금씩 더 익어 가는 것이라고 말하고 싶습니다. 시간이 흘러 나이를 먹게 되면 그 어느 누구를 막론하고 모두 다 노인이 되니까요. 이제 우리 모두 혼자서도 노후를 잘 보낼 수 있도록 준비를 잘하시어 편안한 삶과 온화하고 멋진 실버들이 되시길 기대해 봅니다.

"그는 늘그막에 발에 병이 들었더라"(왕상 15:23).

"슬퍼하며 애통하며 울지어다 너희 웃음을 애통으로, 너희 즐거움을 근심으로 바꿀지어다"(약 4:9).

"그의 아버지 에브라임이 여러 날 슬퍼하므로 그의 형제가 가서 위로하였더라"(대상 7:22).

"이 두 가지 일이 네게 닥쳤으니 누가 너를 위하여 슬퍼하랴 곧 황폐와 멸망이요 기근과 칼이라 누가 너를 위로하랴"(사 51:19).

"인자야 내가 네 눈에 기뻐하는 것을 한 번 쳐서 빼앗으리니 너는 슬퍼하거나 울거나 눈물을 흘리거나 하지 말며"(겔 24:16).

"주께서 나의 슬픔이 변하여 내게 춤이 되게 하시며 나의 베옷을 벗기고 기쁨으로 띠 띠우셨나이다"(시 30:11).

"그는 늙어도 여전히 결실하며 진액이 풍족하고 빛이 청청하니"(시 92:14).

실버들에게 요구되는 실천사항과 금기사항

실버들이 해야 할 일 10가지

1. 마음의 짐을 모두 다 내려놓아라.
2. 권위를 먼저 버리고, 나이 자랑을 하지 마라
3. 용서하고 잊어야 한다. 그간 쌓아온 미움과 서운한 감정을 털어 버려라.
4. 항상 청결해야 한다.
5. 지위 상실에서 오는 자존감 부족이나 소외감을 감수해야 한다.
6. 살아생전에 신변을 정리해야 한다.
7. 자식으로부터 독립해야 한다.
8. 노후의 시간은 금이기에 시간을 아껴야 한다.
9. 범사에 감사하고, 기쁜 맘으로 베풀고 봉사하며 즐겁게 살아야 한다.
10. 사회나 단체 활동 혹은 이웃의 행사에도 적극적으로 참여하라.

실버들이 하지 말아야 할 일 10가지

1. 잔소리를 하지 마라. 모르는 척, 못 본 척하고 넘어가라.
2. 큰소리 내지 말고, 내 주장만 옳다고 앞세우지 마라.

3. 남을 미워하거나 원망하지 마라.
4. 일하는 것을 포기하지 마라.
5. 실버라는 이름으로 젊은이를 훈계하지 마라.
6. 자주 삐치지 마라.
7. 모든 것을 아는 척하지 마라.
8. 주책으로 오해 받기 쉬우니, 응석 부리지 마라.
9. 절약하지 마라. 있는 돈을 즐거운 마음으로 쓸 줄 알아야 한다.
10. 자식과 며느리의 흉을 보지 마라.

'일십백천만' 이론

일: 하루에 1가지 이상 좋은 일을 하고,
십: 하루에 10번 이상 웃고,
백: 하루에 100자 이상 글(일기 등)을 쓰고,
천: 하루에 천 자 이상 글(신문, 책 등)을 읽고,
만: 하루에 만 보 이상 걷는 것이 건강의 비결이다.
이 이론을 실천하면, '구구팔팔 이삼사'(99세까지 팔팔하게 살다가 2-3일 앓고 간다)를 누리면서 장수할 수 있다.

내 인생에
저녁노을이 찾아오면

　　　　　　내 인생에 저녁노을이 찾아오면,
　나는 나에게 그동안 얼마나 최선을 다하며 살았느냐고 질문할 것입니다.
　나는 그때 나에게 부끄럽지 않게 말하기 위하여, 나는 지금부터 내 삶의 나날들을 기쁨과 감사로, 최선을 다해 멋지고 풍요롭게, 그리고 아름답게 가꾸며 살겠습니다.

　　　　　　내 인생에 저녁노을이 찾아오면,
　나는 나에게 그동안 얼마나 후회 없는 삶을 살았느냐고 물어볼 것입니다.
　나는 그때 나에게 그동안 살아온 삶을 진솔하게 대답하기 위하여, 나는 지금부터 하루하루를 성실하고 부지런히, 진실하게 그리고 열심히 최선을 다하여 후회 없는 삶을 살겠습니다.

내 인생에 저녁노을이 찾아오면,

나는 나에게 그동안 얼마나 감사한 삶을 살았느냐고 물을 것입니다.

나는 그때 나에게 자신 있게 말하기 위하여, 나는 지금 맞이하고 있는 하루하루를 주님의 은혜에 감사하는, 주님의 사랑과 은혜와 축복이 충만한, 그런 삶을 살겠습니다.

내 인생에 저녁노을이 찾아오면,

나는 나에게 그동안 얼마나 봉사하며 살았느냐고 질문을 할 것입니다.

나는 그때 나에게 미소 지으며 즐겁고 기쁘게 말하기 위하여, 나는 지금부터 나의 도움과 손길을 필요로 하는 외롭고 소외된 불우한 이웃들을 위로하고, 격려하고, 돌보며, 보살피는 수호천사와 같은 삶을 살겠습니다.

내 인생에 저녁노을이 찾아오면,

나는 나에게 그동안 얼마나 베풀며 살았느냐고 질문할 것입니다.

나는 그때 나에게 자신 있게 대답하기 위하여, 나는 지금 맞이하고 있는 하루하루를 더 많이 베풀고 나누면서 행복하고 즐겁게 살겠습니다.

내 인생에 저녁노을이 찾아오면,

나는 나에게 그동안 얼마나 남을 용서하며 살았느냐고 물을 것입니다.

나는 그때 나에게 미안한 감정이나 후회의 감정 없이 환한 미소와 너그럽고 편안한 마음으로 말하기 위하여, 나는 지금부터 한없이 그리고 끝없이 용서하고 또 용서하라고 말씀하신 예수 그리스도의 귀한 말씀을 좇아, 도저히 용서할 수 없는 사람도 용서하며 살겠습니다.

내 인생에 저녁노을이 찾아오면,

나는 나에게 그동안 얼마나 성공적인 삶을 살았느냐고 물어볼 것입니다.

나는 그때 나에게 자랑스럽게 당당히 말하기 위하여, 나는 지금 맞이하고 있는 하루하루를 마지막 남은 하루로 생각하고, 그 하루에 온 힘과 정성을 쏟아 최선을 다하여 성공적인 삶을 살아가도록, 오늘의 시간을 아끼며 열심히 살겠습니다.

내 인생에 저녁노을이 찾아오면,

나는 나에게 그동안 얼마나 남에게 행복 바이러스를 전파하며 살았느냐고 질문할 것입니다.

나는 그때 나에게 즐겁고 행복한 마음으로 말하기 위하여, 나는 지금 맞이하고 있는 하루하루를 나누며 삶의 활력을 쌓고, 즐거움과 기쁨이 더해지도록 해피 바이러스를 전파하는 천사와 같이, 행복 바이러스를 많이 전하는 신실한 전도사가 되도록 노력하며 살겠습니다.

내 인생에 저녁노을이 찾아오면,

나는 한 가정의 가장과 가족의 일원으로서 그동안 얼마나 성실하게 살았느냐고 질문할 것입니다.

나는 그때 나에게 그동안 살아온 삶을 진솔하게 답하기 위하여, 나는 지금부터 하루하루를 최선을 다하며 가족을 더욱 사랑하고 아끼며, 행복하고 즐겁게 살겠습니다.

내 인생에 저녁노을이 찾아오면,

나는 나에게 그동안 친구에게 지란지교와 같은 우정을 얼마나 나누며 살았느냐고 물을 것입니다.

나는 그때 나에게 맑디맑은 옹달샘처럼 영혼이 맑은, 그리고 영원히 변치 않는 돈독한 우정을 말하기 위하여, 나는 지금부터 더 많이 안부를 전하고, 자주 만나 대화도 하고, 식사도 하고, 수다를 떨며 실컷 웃기도 하고, 애로 사항도 듣고 같이 고민하는 죽마고우로, 가슴으로 느끼는 마음이 따뜻한 그런 친구로 살겠습니다.

내 인생에 저녁노을이 찾아오면,

나는 나에게 그동안 친척과 이웃을 위해 무엇을 했느냐고 물을 것입니다.

나는 그때 나에게 부끄럽지 않고 떳떳하게 말하기 위하여, 나는 지금부터 친척과 이웃에게 관심을 갖고, 그들에게 자주 안부도 전하고, 애로 사항도 듣고, 함께 고민하며, 그들과 소통하는, 마음이 열린 사람이 되도록 노력하며 살겠습니다.

"적게 심는 자는 적게 거두고 많이 심는 자는 많이 거둔다"(고후 9:6).

"선을 행하고 선한 사업을 많이 하고 나누어주기를 좋아하며 너그러운 자가 되게 하라"(딤전 6:18).

"범사에 감사하라"(살전 5:18).

"서로 대접하기를 원망 없이 하고 각각 은사를 받은 대로 하나님의 여러 가지 은혜를 맡은 선한 청지기같이 서로 봉사하라"(벧전 4:9-10).

"무엇이든지 남에게 대접을 받고자 하는 대로 너희도 남을 대접하라"(마 7:12).

"사람이 무엇으로 심든지 그대로 거두리라"(갈 6:7).

"새 계명을 너희에게 주노니 서로 사랑하라 내가 너희를 사랑한 것 같이 너희도 사랑하라"(요 13:34).

"생명을 사랑하고 좋은 날 보기를 원하는 자는 혀를 금하여 악한 말을 그치며 그 입술로 거짓을 말하지 말고 악에서 떠나 선을 행하고 화평을 구하며 그것을 따르라"(벧전 3:10-11).

2부
:
노후에
건강한 삶을
영위하기 위하여

노년이 되면 지병이 없는 사람은 드물겠지만,
노년이 될수록 체력을 적극적으로 관리해서
질병을 예방할 수 있도록 힘써야 합니다.
나이 들어서도 계속할 수 있는
가장 좋고 효과적인 운동은 '걷기'입니다.
매일 지속적인 걷기는
심신이 함께하는 전신운동이고,
보약 중에 최고의 보약입니다.

건강하게 장수하기 위한 가르침 10가지

1. 소육다채(小肉多菜)

고기를 적게 먹고 채소를 많이 먹으라는 뜻이다. 육식을 적게 먹는 대신에 채소를 많이 먹어 부족하기 쉬운 비타민과 무기질을 공급하라.

2. 소노다소(小怒多笑) 혹은 소념다소(小念多笑)
　　혹은 소분다소(小憤多笑)

화를 많이 내지 말고, 근심이나 분한 일은 적게 하고, 많이 웃으라는 뜻이다. 우리의 마음을 짓누르고 고통스럽게 만드는 부정적인 감정들이 뭉친 독의 집합체가 화인데, 이런 화를 품고 사는 것은 마음속에 독을 품고 사는 것과 같다. 자기 안의 화를 풀지 못하면 화병에 걸린다. 우리가 화병에 걸리지 않으려면 긍정적인 사고를 많이 하고 많이 웃도록 노력을 해야 한다. 웃음은 행복 호르몬인 엔도르핀과 엔케팔린의 분비를 촉진해서 건강하고 행복한 생활을 영위하게 해준다. 그래서 혹자는 웃음을, 부작용이 하나도 없는 만병통치약이라고 부르기도 한다. 한 번 웃으면 한 번 젊어지고 한 번 화내면 한 번 늙는다고 했고, 웃으면 복이 찾아온다고 했으니, 많이 웃고 많이 젊어지자.

3. 소식다작(小食多嚼) 혹은 소식다저(小食多咀)

가능한 한 적게 먹고 오랫동안 잘 씹어 먹어야 한다는 뜻이다. 장수의 비결은 바로 적게 먹는 소식에 있는데, 음식을 조금 적게 먹으면 우리의 정신도 맑아지고 성인병을 예방할 수 있다는 것이 현대의학의 지론이다.

4. 소염다혜(小鹽多醯) 혹은 소염다초(小鹽多酢)

소금(염분)을 적게 먹고, 그 대신 식초를 많이 먹어야 한다는 뜻이다. 소금(나트륨)은 모든 병에 해롭다는 것이 현대의학으로 증명이 되었다. 소금을 적게 쓰고도 음식 맛을 내면서 제대로 먹으려면 식초를 조금 넣어 간을 맞추면 된다. 이것이 염분을 적게 먹는 하나의 방법이 된다.

5. 소의다욕(小衣多浴)

옷은 가능한 한 얇게 입고 목욕은 자주 하라는 말이다. 옷을 많이 입으면 인체의 질병을 방어하는 면역력이 떨어지기 때문에, 되도록 옷을 적게 입되 목욕을 자주하여 혈액 순환을 촉진시키면 건강에 큰 도움이 된다.

6. 소번다면(小煩多眠) 혹은 소민다면(小憫多眠)

근심과 걱정과 괴로움과 고민은 적게 하고 잠은 푹 자라는 말이다. 사람이 살아가자면 좋은 일도 많지만, 힘들고 어려운 일도 있기 마련이다. 많은 근심, 걱정, 불안과 초조 등의 스트레스를 빨리 풀고 해결하지 못하면, 그로 인해 병이 생길 수 있기 때문에 가능한 한 근심과 걱정을 빨리 잊어버리는 게 제일 좋다. 그 대신 피로를 회복하는 데에 잠 이상이 없다는 것을 알아야 한다.

7. 소욕다시(小慾多施)

욕심을 적게 내고 남에게 많이 베풀라는 뜻이다. 인간의 욕심은 끝이 없기에 가질수록 더 갖고 싶어서 근심과 불안이 따라오기 마련이다. 그래서 장수의 비결로 마음을 비우라고 하지 않던가. 사람은 빈손으로 태어났다가 결국엔 빈손으로 가는데, 먹고살 만큼만 가지면 되므로 욕심을 부리지 말고 있는 바에 자족하면서 남에게 베풀면 행복하게 살 수 있다.

8. 소당다과(小糖多菓)

설탕(당분)을 적게 먹고 과일을 많이 먹어야 몸에 이롭다는 뜻이다. 설탕은 비만 등의 만병의 근원이 될 수 있기 때문이다.

설탕을 적게 먹고 과일을 많이 먹으면, 우리 몸에 부족하기 쉬운 비타민과 무기질을 제때에 공급해 주는 이로움이 있다.

9. 소차다보(小車多步) 혹은 소승다보(小乘多步)

가능하면 차를 가급적 적게 타고, 그 대신 많이 걸으라는 말이다. 유산소 운동 중에서 걷기가 최고의 운동이다. 다시 말해 건강에 제일 좋은 운동은 뭐니 뭐니 해도 걷기다.

10. 소언다행(小言多行)

가능하면 말은 적게 하고 행동으로 실행을 많이 하라는 뜻이다. 입은 닫을수록 좋고, 지갑은 열수록 환영을 받게 되어 있다. 입으로 들어가는 것이 사람을 더럽게 하는 것이 아니라, 그 입에서 나오는 말이 사람을 더럽게 한다고 성경에서 가르치고 있다. 어쩌면 우리가 돈보다 더 아껴야 할 것은, 아무 생각 없이 무심결에 내뱉는 말들일 것이다. 구화지문이란 한자성어가 있는데, 이는 말을 조심해야 함을 경계하는 말로써, 입은 재앙을 불러오는 문이라는 뜻이다.

'침묵은 금이다'라는 속담이 있다. 말은 다툼의 원인이 되고, 오해와 실수를 불러오곤 한다. 말이 많으면 실수하기 쉽고, 남에게 상처를 주기 쉬우며, 오해 받기도 쉬운 법이다. 따라서 말보다는 실천에 중점을 두고 생활을 하면, 실수가 적고 남으로부터 인정을 받게 된다.

위의 10가지 건강십훈은, 우리가 평상시에 말하기는 매우 쉬워도 행동으로 실행하기는 정말로 어려운 것들이다. 그렇지만 우리가 일상생활을 하면서 이러한 10가지 가르침을 몸소 실천하여, 건강하게 장수할 수 있도록 부단히 노력을 해야 한다.

"건강한 자에게는 의사가 쓸데없고 병든 자에게라야 쓸 데 있느니라"(마 9:12).

"노하기를 더디하는 것이 사람의 슬기요 허물을 용서하는 것이 자기의 영광이니라"(잠 19:11).

"웃음을 네 입에, 즐거운 소리를 네 입술에 채우시리니"(욥 8:21).

"마음의 즐거움은 얼굴을 빛나게 하여도 마음의 근심은 심령을 상하게 하느니라"(잠 15:13).

"아무것도 염려하지 말고 다만 모든 일에 기도와 간구로, 너희 구할 것을 감사함으로 하나님께 아뢰라"(빌 4:6).

"오직 각 사람이 시험을 받는 것은 자기 욕심에 끌려 미혹됨이니 욕심이 잉태한즉 죄를 낳고 죄가 장성한즉 사망을 낳느니라"(약 1:14-15).

"말이 많으면 허물을 면하기 어려우나 그 입술을 제어하는 자는 지혜가 있느니라"(잠 10:19).

"네가 네 손이 수고한 대로 먹을 것이라 네가 복되고 형통하리로다"(시 128:2).

건강하게 장수하기 위해 실버들에게 필요한 십계명

1. 음식은 골고루 섭취하되 되도록 적게 먹고 많이 씹어라.

적게 먹고 많이 씹는 것이 장수의 비결이다. 음식을 조금 적게 먹으면 몸도 마음도 가벼워지고, 성인병을 예방할 수 있다.

2. 시계추처럼 살아라.

매일 규칙적인 기상, 식사, 노동, 그리고 규칙적인 시간에 취침을 하는 것이 건강의 비결이다.

3. 매일 규칙적으로 땀을 흘릴 정도로 충분히 운동하라.

건강을 위해 열심히 운동을 하도록 하라. 많이 걷기와 등산은 장수를 위한 가장 좋은 운동이다. 유산소 운동을 규칙적으로 하되 일주일에 3번, 30분 이상 운동하는 게 좋다. 운동을 꾸준히 해서 최상의 컨디션과 건강한 삶을 유지하는 것이 중요하다. 우리가 건강을 잃으면 모든 것을 잃기 때문이다.

4. 기름진 음식, 튀긴 음식, 짠 음식을 피하라.

장수의 장애물인 성인병과 비만을 예방할 수 있고, 몸 안에 콜레스테롤이 축적되는 것을 방지할 수 있다.

5. 신앙생활을 잘하고, 취미생활을 열심히 하라.

성경에 기록된 하나님의 말씀은 우리의 행복을 위해 준비된 하늘의 양식이다. 그 말씀대로 행하며 사는 것이 참된 행복이다. 몸과 마음 그리고 영혼을 고양시키는 신앙생활은 신체 건강에 유익하고 도움을 준다. 또 취미생활을 잘함으로써 자아 발견과 자기 개발을 할 수 있다. 그러면 생활 속에서 즐거움이 샘물처럼 솟아나고, 그로 인해 욕심이 사라지며, 매일 매일의 삶이 기쁘고, 활기차고, 행복해지므로 건강 유지와 장수에 매우 이롭다.

6. 금연하라. 그리고 매일 물을 충분히 마셔라.

정상적인 신체 리듬을 유지하기 위하여 매일 2~3리터의 물을 마시되, 조금씩 자주 마시는 습관이 좋다.

7. 화를 적게 내고 많이 웃어라. 지나친 스트레스를 받지 않도록 노력하라.

범사에 감사하라. 작은 일에 항상 감사할 줄 아는 현명한 사람이 되자. 마음의 독인 화를 풀지 못하면 화병과 울화병이 찾아온다. 우리가 화병에 걸리지 않으려면 평상시에 긍정적인 생각을 많이 하고, 많이 웃도록 힘써야 한다. 웃음은 행복 호르몬인 엔도르핀과 다이도르핀을 많이 분비시켜 건강하고 행복한 생활을 영위하도록 촉매제 역할을 하기 때문이다. 웃음은 만병통치약이라고 불리는 만큼, 많이 웃고 젊어지자.

8. 나이를 먹을수록 직업을 가지고 열심히 일을 하라.

일을 하는 사람의 평균 수명은 노는 사람보다 14년이 더 길다고 한다. 직장 생활을 하면 그만큼 삶에 활력이 생기기 때문이다. 매일 바쁘게 활동을 하는 실버들은 치매에 걸릴 확률이 낮다는 연구 결과가 있다. 직장 생활을 하면 새로운 정보와 지식에 뒤지지 않기 위해서 자연스럽게 책을 가까이 하기 때문이다.

9. 봉사 활동을 생활화하라.

봉사 활동을 하면 이기심과 욕심이 사라지게 된다. 마음의 독은 우리의 몸에 해로운 존재인데, 봉사 활동은 마음에 쌓인 독을 배출시키는 과정으로 여기면 좋을 듯하다. 베풀면 베풀수록 마음속에 여유가 생기고, 행복감이 샘솟고, 진정한 기쁨과 평화와 너그러움이 찾아온다.

10. 벗을 자주 만나 대화하면서 식사를 하고, 좋은 사람들을 만나서 친구로 많이 사귀어라.

나이가 들수록 벗이나 친구가 없으면 외롭고 고독해진다. 외로움과 고독은 장수의 적이다. 벗과 만나서 함께 토론하고 생활하면 몸과 마음이 즐거워진다. 그러면 신체가 활력을 얻게 되고, 개인뿐만 아니라 우리 사회도 함께 아름다워진다.

"너그러운 사람에게는 은혜를 구하는 자가 많고 선물 주기를 좋아하는 자에게는 사람마다 친구가 되느니라"(잠 19:6).

"악을 꾀하는 자의 마음에는 속임이 있고 화평을 의논하는 자에게는 희락이 있느니라"(잠 12:20).

"범사에 감사하라"(살전 5:18).

"웃음을 네 입에, 즐거운 소리를 네 입술에 채우시리니"(욥 8:21).

"마음의 즐거움은 양약이라도 심령의 근심은 뼈를 마르게 하느니라"(잠 17:22).

"친구는 사랑이 끊어지지 아니하고 형제는 위급한 때를 위하여 났느니라"(잠 17:17).

"재물은 많은 친구를 더하게 하나 가난한즉 친구가 끊어지느니라"(잠 19:4).

치매가 불치병만은 아니야

　그동안 과학의 발전 및 의학의 발달로 인해 인간의 수명이 크게 연장되었습니다. 통계청에 의하면, 우리나라 인구의 고령화가 급속히 진행되면서 2000년에 65세 이상의 노인인구 비율이 7% 이상으로 고령화사회가 되었으며, 2017~2018년에는 65세 이상의 노인인구 비율이 14% 이상이 되어 고령사회로 접어든다고 합니다. 이처럼 인구의 고령화가 급속히 진행되면서 노인문제는 우리의 생활에 여러 가지 영향을 끼치고 있으며, 그 중에서도 심신의 장애를 가진 노인의 간호, 특히 치매를 앓는 노인을 돌보는 가족들의 고충은 크나큰 사회 문제로 대두되고 있습니다.
　건강한 젊은 성인의 두뇌에는 120~145억 개의 신경세포가 존재합니다. 그런 신경세포가 생의 후반부에 들어서는 매일 수천 개씩 죽어갑니다. 그래서 뇌의 크기와 무게도 나이가 들수록 점진적으로 감소가 일어나는데, 75세가 되면 뇌의 무게는 젊은

이의 약 55% 수준으로 머물게 됩니다. 뇌뿐만 아니라 나이가 들어 감에 따라 신체의 각 장기도 필연적으로 노화현상을 일으킵니다.

치매(dementia)는 라틴어의 'de'(지우는, 없애는)와 'mens'(정신)에서 유래된 단어로써, 이는 말 그대로는 정신적인 추락을 뜻하는데 정신이상과 같은 의미로 사용되었습니다. 즉 엉뚱하고 특이하고 정상이 아니며, 이해하기 힘든 행동을 하는 뇌의 질병을 뜻합니다. 우리나라에서는 '노망났다' 혹은 '망령들었다'라는 말로 흔히 표현합니다.

이러한 치매라는 단어를 한글로 풀이하면 어리석고 또 어리석다는 뜻으로, 민망하기 그지없습니다. 그 뜻을 제대로 안다면 감히 입에 올릴 사람이 몇이나 될지 묻고 싶습니다. 그래서 혹자는 치매라는 단어 대신에 백심증(머릿속이 하얘지는 것, 아무 생각 없이 머릿속이 텅 비워지는 것)이라는 용어를 대신 제안합니다.

의학적으로 치매란 주로 노인에게서 일어나는 정신 질환의 하나로써, 뇌의 변성 장애로 뇌의 기질적 병변에 의해 후천적으로 발생되는 인지기능의 다발성 손상을 말합니다. 인지기능의 다발성 손상은 주로 지능 장애, 배우고 익히는 기억 장애, 언어 장애, 문제 해결 능력 저하, 지남력과 주의집중 장애, 판단력 이상, 쉽게 화를 내는 일, 사회성 감소, 시간과 공간의 판단 장애, 인격의 손상, 건망증이 심해짐, 자기 집을 찾지 못함,

계산 능력 상실 등을 의미합니다. 다시 말해 백치 상태나, 천치 상태, 바보 같은 상태를 치매라고 말할 수 있습니다.

치매란 정상적인 지적·정신적 능력을 유지하던 사람이 다양한 후천적인 원인으로 뇌 기능이 손상되면서, 기억력, 인지 능력, 언어 능력, 판단력, 사고력, 실행 능력 및 공간 지각 능력 등의 지적 기능들이 지속적으로 그리고 전반적으로 저하되어 일상생활 및 사회적·직업적인 기능의 저하를 초래하는 상태를 말합니다. 그렇기 때문에 흔히 치매를 '다시 아기가 되는 병'이라고도 합니다.

치매의 진행 경과는 사람에 따라 다른데, 어떤 사람은 치매가 계속해서 진행 발전하기도 하고, 어떤 사람은 치매가 정체되어 있기도 하고, 혹자는 영구적일 수도 있지만, 드물게는 회복도 가능합니다. 이들은 기초 병변 및 효율적인 치료와 연관성이 있으며, 적절한 시기에 진단과 적절한 약과 치료를 받으면 치매가 천천히 진행되도록 할 수가 있습니다. 놀랍게도 최근에는 회복할 수 있는 가능성이 15% 정도라고 합니다.

이웃 일본에서는 1980년에 조사한 바에 의하면, 65세 이상 어르신 중 치매 환자가 4.8%이고, 특히 후기 고령으로 갈수록 노인 4명 중 1명꼴로 나타나고 있습니다. 미국의 경우에 1993년에 65세 이상 노인 중 15%가 경증 치매였고, 5%가 중증 치매 환자였고, 80세 이상에서는 20%가 중증 치매 환자였다고 합니다.

우리나라는 아직 뚜렷한 통계자료는 없지만, 점점 증가하는 노인 인구에 비례해서 발생하는 치매에 대한 개인적·사회적인 대비가 필요한 실정입니다. 우리나라에서는 2012년에 치매 환자 수가 약 53만 명으로, 65세 이상 노인 인구의 9.1%를 차지하고 있으며 최근 4년간 65세 이상 치매 노인의 증가율이 26.8%로 같은 기간 노인 인구의 증가율인 17.4%를 훨씬 앞지르고 있습니다. 현재 대략 65만 명 정도의 치매 환자가 발생하는 것으로 조사되는데, 다가오는 2020년에는 약 80만 명, 2030년에는 127만 명, 2050년엔 271만 명으로 증가할 것으로 예측, 전망되고 있습니다.

미국의 40대 전직 대통령이었던 로날드 레이건 씨는 1994년 11월 15일에 자신이 현재 치매를 앓고 있다고 국민들에게 알렸습니다. 그는 치매에 대한 강한 경각심과 국민 인식이 한층 높아지기를 원했고, 치매를 국민과 함께 공유하는 것이 중요하다고 생각했기 때문에, 용기를 내어 자기 자신도 치매를 앓고 있다는 사실을 당당히 밝혀서 큰 센세이션을 일으켰습니다. 그 당시 우리의 매스컴들도 보도에 열을 올렸던 사건입니다. 오늘의 우리는 이를 타산지석으로 삼아야 한다고 생각합니다.

독일의 문호 괴테는 일흔 살이 넘도록 창고의 열쇠를 자기 베개 밑에 숨겨 두고 양식 관리를 혼자서 했다고 하는데, 그는 기력이 쇠약해져 창고 문을 열러 갈 수 없게 되면서부터 걸핏하면 소녀처럼 울었다고 합니다. 그래서 노인이 치매에 걸려 곧 잘 우는 경우를 '괴테 치매'라고 불립니다. 러시아 문호인 톨스토이는 만년에 가출을 일삼았는데, 아내 소피아의 구박 때문이 아니라 치매의 한 증상으로 인해 가출을 자주 했다고 합니다. 그래서 노인이 외출했다가 길을 잃고 제대로 귀가하지 못하는 치매를 현재도 '톨스토이 치매'라고 부르고 있습니다.

치매나 망령이 든 노인을 둔 각국의 문화적인 대응도 다양했습니다. 여진족은 부모가 망령이 들기 시작하면 생매장하는 것을 효도로 생각을 했고, 아프리카 반투 족은 노인이 치매에 걸리면 반신반인으로 여기고 신명을 중개하는 사제로 우러러 모시는 경향이 있었다고 합니다. 우리나라의 고구려 때에 늙어 쇠약한 이를 산 채로 묘실에 옮겨 두었다가 죽은 뒤에 그곳에서 장사를 지내던 고려장이란 풍습도 치매 노인을 처리하는 한 방법이었다고 말할 수 있습니다.

미국의 인류학자였던 마가렛 미드는 이 지구상에서 노인을 고독과 소외감으로부터 구제하는 이상적인 가족제도가 한국에 있는 전통적인 '대가족 제도'라고 힘주어 갈파하기도 했습니다. 하지만 오늘의 우리의 현실은 그동안 너무 많이 변해서 그렇지 않은 상태로 변해 버렸습니다. 만시지탄이지만, 이제라도 국가와 사회와 온 국민이 그 책임을 통감하고, 우리의 전통적 가치와 전통적인 대가족 제도를 다시금 새롭게 조명해 보고 인간성의 회복에 심혈을 기울여야 할 때가 바로 지금이라고 생각합니다. 그렇게 함으로써 치매 노인들이 우리 주위에서 방치되는 불행한 일이 사라지고, 예비 노인들이 노인성 치매증에 대한 공포와 무방비로부터 해방될 수 있다고 봅니다.

뭐니 뭐니 해도 치매는 조기 진단이 가장 중요합니다. 치매는 그 원인이 매우 다양하고, 그 원인에 따라서는 완치도 가능하기 때문입니다. 일반적으로 치매의 원인은 대략 70여 가지로 알려져 있는데, 이들 중에서 적어도 3분의 1은 적절한 치료를 통해서 증상의 호전이나 완치까지도 기대할 수 있습니다. 완치를 기대할 수 없는 경우라 할지라도, 기억력을 포함한 인지 기능뿐만 아니라 환자의 일상생활 수행 능력을 개선시킬 수 있기 때문에, 치매를 고칠 수 없는 불치병이라고 간주하는 것은 반세기 전의 낡고 잘못된 편견이라고 하겠습니다.

치매에는 여러 가지 종류가 존재합니다. 원인에 따른 분류, 손상 부위에 따른 분류, 증상에 따른 분류, 시간과 치료에 따른 분류 등이 있습니다. 그러나 그 원인에 따른 분류와 뇌손상에 의한 분류, 증상에 따른 분류가 대부분을 차지한다고 합니다. 그중에서도 원인에 따른 퇴행성 질환(알츠하이머 치매)과 중풍(뇌출혈과 뇌경색)이나 뇌종양, 뇌 손상에 의해 2차적으로 오는 혈관성 치매나 뇌종양에 의한 치매, 대사 질환에 의한 치매가 있으며, 손상 부위에 따른 치매가 있고, 기타 시간에 따른 치매로 나누어 설명하고 있습니다.

이러한 여러 가지 치매 중에서 현재 치료가 가능한 치매로는 정상 뇌압 수두증, 갑상선 기능저하증, 비타민 B_{12} 및 엽산 결핍증, 당뇨병, 만성 간질환 및 신장 질환, 경막하혈종, 뇌종양, 알코올 중독, 매독으로 인한 치매 등이 있습니다. 특히 노년기 우울증으로 인한 가성치매도 정신 운동성 지체와 인지기능 저하를 초래하므로 치매로 오인할 수 있으니 주의를 요합니다.

이처럼 다양한 종류의 치매가 치료 가능하며, 빨리 발견할수록 치료의 가능성이 더욱 높아지므로, 의심이 들면 정신건강의학과 전문의보다 신경과 전문의 진료를 받는 것이 중요합니다.

적절한 치료로 증상을 호전시키고 진행을 느리게 할 수 있는 치매로는, 알츠하이머 치매와 혈관성 치매가 있습니다. 그중에서도 알츠하이머 치매는 대표적인 치매 질환으로 전체 치매 환자의 50~60%를 차지합니다. 이들은 눈에 띄지 않을 정도로 서서히 진행되기 때문에 조기 발견과 치료가 힘들며, 상당 기간 동안 치매가 진행된 후에야 발견됩니다.

하지만 일단 증상이 나타나기 시작하면 급속도로 진행되고 악화되는 경향이 있고, 다양한 신경 증상과 행동 증상을 동반하기 때문에 치료가 매우 어렵습니다. 그 외에 20~30%가 혈관성 치매이며, 기타 나머지 10~20% 내외는 일산화탄소 중독이나 두부 외상, 알코올 중독 후유증, 파킨슨병 등으로 발생합니다.

우리가 건망증과 치매를 구분하지 못해서 가끔 헷갈릴 때가 있습니다. 나이가 들면서 사소한 일들을 잊어버리는 경우가 자주 있는데, 단순한 건망증과 치매에는 큰 차이가 있습니다. 치매는 일 자체를 잊어버리고 귀띔을 해주어도 전혀 기억하지 못하며, 본인의 기억력에 문제가 있는 것을 모르거나 인지하지도 못합니다. 그러나 건망증은 일의 세세한 부분을 귀띔을 해주면 금방 기억을 하고, 본인의 기억력에 문제가 있다는 것을 인정하는 경우를 말합니다.

우리 뇌의 여러 가지 기능 중에서 기억력과 계산 능력은 주로 좌측 뇌의 기능이고, 종합 판단력과 예술과 공간 판단력은 우측 뇌의 기능입니다. 바둑에서 가장 중요한 것은 구상력과 판단력이라고 합니다. 우측 뇌에 장애가 있는 자는 바둑의 포석이 잘 안 되어 대국 중에 중단하는 경우가 많고, 좌측 뇌에 장애가 있는 자는 포석이나 정석 감각은 좋으나 수의 싸움에서 약하다고 합니다. 이처럼 바둑에는 우측 뇌의 기능이 매우 중요합니다. 따라서 바둑을 즐겨 두어 우측 뇌의 기능을 활성화시키는 것이 바람직하다고 일본의 오리오 하지메 교수는 강조했습니다. 나이가 들면 바둑을 즐겨 두면서 우측의 뇌에 활력을 불어넣어 삶의 질을 보다 높여 나가는 것도 치매의 예방에 도움을 줄 것으로 사료됩니다.

한마디로 나이가 들수록 취미생활과 특기를 개발하여 두뇌의 운동을 촉진시키고, 적당한 운동과 말벗을 찾아서 소외감과 절망감과 외로움을 털어 버리고 즐겁고 기쁜 마음으로 지내면 치매를 어느 정도 예방할 수 있다는 것입니다.

치매에도 단계별 증상과 특징이 존재합니다.

첫째, '초기 치매'는 가족이나 동료들이 문제가 있음을 알아차리기 시작하나, 아직은 혼자서 지낼 수 있는 수준을 말합니다. 예를 들면, 예전의 기억은 유지되나, 최근의 일을 기억하거나, 조리를 하다가 불을 끄는 것을 자주 잊어버리거나, 조금 전에 했던 말을 반복하거나 질문을 되풀이하는 경우입니다. 여천댁을 과천 댁으로 부른다든지, 첫째 손자를 둘째 손자 이름으로 부른다든지, 강씨를 김씨로 부르는 것을 말합니다.

둘째, '중기 치매'는 치매임을 쉽게 알 수 있는 단계로써, 어느 정도의 도움 없이 혼자서 지낼 수 없는 수준을 말합니다. 예를 들면, 돈 계산이 잘되지 않고 서투르고, 시간이나 날짜, 계절에 대한 감각과 개념이 없으며, 혼자서 익숙하게 잘 갔던 장소를 가지 못하고 길을 잃고 헤매는 경우를 말합니다. 물건을 구별하는 능력 상실로 솥뚜껑인지 장뚜껑인지 구별하지 못하고, 구체와 인지의 가치 전도 현상을 일으키는 것 등입니다.

셋째, '말기 치매'는 인지기능이 현저히 저하되고 정신 행동 증상과 아울러 신경학적 증상 및 기타 신체적인 합병증 등이 동반하여 독립적인 생활이 거의 불가능한 수준을 말합니다. 예를 들면, 식사나 세수, 옷 갈아입기, 대소변 가리기 등을 혼자서 못하고, 과거의 일이나 현재의 일을 전혀 기억 못하는 기억상실증, 배우자나 자식을 전혀 알아보지 못하는 수준을 말합니다.

**우리가 평상시에 알고 실천해야 할
치매 예방을 위한 건강 수칙 8가지**

1. 규칙적인 운동을 하십시오. 특히 자주, 많이 걷도록 합시다.
2. 금연을 꼭 합시다.
3. 사회생활을 활발하게 합시다. 사람을 많이 만나고, 여가활동에 적극적으로 참여합시다.
4. 절주를 하되, 가능하면 금주를 하십시오.
5. 뇌에 좋은 건강한 식사를 하십시오. 그리고 소식다작하십시오.
6. 비만이 안 되도록 적절한 체중을 유지하십시오.
7. 머리를 많이 쓰는 독서, 글쓰기, 일기, 취미생활 등을 적극적으로 하셔야 합니다.
8. 뇌 건강에 좋은 달걀 노른자, 노란색 파프리카, 귤, 브로콜리, 신선한 과일과 채소와 야채류, 푸른 생선 등의 섭취를 늘려야 합니다.

보건복지부가 제시한 치매 예방 관리 수칙 10가지

1. **손과 입을 바쁘게 움직이십시오.**

    손과 입은 가장 효율적으로 뇌를 자극할 수 있는 장기 중의 하나입니다. 그리고 손놀림을 많이 하고, 음식을 꼭꼭 오래 씹어 드시길 바랍니다.

2. **머리를 쓰는 일을 많이 하십시오.**

    두뇌 활동을 활발히 하면 치매의 발병과 진행을 늦추고, 증상을 호전시키는 데 도움을 줍니다.

3. **절대로 금연하십시오.**

    흡연은 만병의 근원이므로 뇌의 건강에 해롭습니다. 흡연자는 비흡연자보다 치매 발병 가능성이 1.5배 정도 더 높습니다.

4. **금주를 하십시오.**

    과도한 음주는 당신의 뇌를 삼킵니다. 과도한 음주는 뇌세포를 파괴하여 기억력을 감퇴시키고, 고혈압이나 당뇨병처럼 치매의 원인이 되며, 질병에 걸릴 위험도 높아집니다.

5. **몸을 많이 움직여야 뇌도 건강해집니다.**

    적절한 운동은 치매 원인이 되는 고혈압, 당뇨병, 고지혈증 등을 예방하고 증상을 호전시킵니다. 1주에 2회 이상 30분 넘게 땀이 날 정도로 운동을 하십시오.

6. **건강한 식생활 습관이 건강한 뇌를 부릅니다.**

    짜고, 맵고, 자극적인 음식은 치매를 부르는 고혈압, 당뇨병과 같은 질병에 걸릴 위험성을 높입니다. 싱겁게 먹고, 신선한 채소와 과일을 자주 먹고, 뇌 기능 개선에 좋은 견과류(호두, 잣, 등)를 많이 먹도록 하십시오.

7. **사람들을 자주 만나고, 그들과 어울리십시오.**

   외롭고, 소외되고, 고독하여 우울증에 걸리면, 치매 발병의 위험률이 3배 이상이나 높아집니다. 봉사 활동이나 취미생활을 하고, 혼자 우두커니 있지 마십시오.

8. **치매가 의심되면 병원이나 보건소에 가서 상담하고 검진을 받으십시오.**

   60세 이상의 노인은 보건소에서 무료로 치매 조기 검진을 받을 수 있으니, 치매가 의심되면 가까운 보건소에 가서 상담을 받아 보십시오.

9. **치매에 걸리면 가능한 한 빨리 치료를 시작하시기를 바랍니다.**

   치매 초기에는 치료 가능성이 높고 치료의 효과도 좋으며, 중증 치매로의 발전을 방지할 수 있는 장점이 있습니다. 따라서 치매는 조기 발견과 조기 치료가 아주 중요합니다.

10. **치매 치료와 관리는 꾸준히 하십시오.**

    치매 치료의 효과는 금방 눈에 안 보이지만, 치료를 안 하고 방치하면 뇌의 기능이 빨리 망가져서 돌이킬 수 없는 상태가 됩니다. 따라서 꾸준히 치료하고 관리합시다.

어찌되었든 간에 치매만큼 잔인한 병은 이 세상에 별로 없는 것 같습니다. 겉으로 보기엔 정말로 멀쩡한데, 기억과 성격은 전혀 다른 사람처럼 파괴되기 때문입니다. 그렇지만 이러한 치매를 치료할 수 있는 좋은 방법이 있는데, 그것은 다름 아닌 치매 예방법입니다. 예방처럼 좋은 치료제는 이 세상에 없습니다.

치매 예방법 10가지, 즉 치매 예방 십계명을 소개하고자 합니다.

치매 예방 십계명

1. 다치지 말자. 특히 머리를 다치지 않도록 주의하고 보호하자.
고혈압, 당뇨병, 고지혈증과 같은 성인병 때문에 수술이나 치료가 늦어짐으로 합병증이 생길 수 있으니 다치지 말아야 한다. 가족 중에 치매 환자가 있는 경우에는 다친 후에 가족성으로 치매가 올 수 있으니, 더욱 조심을 해야 한다.

2. 손을 많이 사용하자. 손을 많이 움직이도록 하자.
우리의 손은 제2의 뇌이다. 박수치기, 쥠쥠하기, 손 마사지, 젓가락 사용, 종이접기 등 무엇이든지 좋다.

3. 긍정적인 생각을 하고, 부정적인 생각은 모두 버리자.

부정적인 생각은 악마의 호르몬인 아드레날린의 분비를 촉진시켜 기억의 회로를 닫는 반면, 긍정적인 생각은 도파민, 엔도르핀과 같은 쾌감 호르몬의 분비를 촉진시켜 기억의 회로를 활성화시킨다. 좋은 말 하기, 감사의 마음을 전하기, 나눔과 베풂, 그리고 봉사하기와 같은 경우가 여기에 해당한다.

4. 많이 걷기 위해 발품을 많이 팔자.

사람이 걸을 때에 기억력이 가장 많이 활성화되어 좋다고 한다. 소크라테스는 산책이야말로 뇌혈관을 맑고 깨끗하게 유지하는 데 가장 좋은 방법이라고 말했다. 그러므로 '누우면 죽고 걸으면 산다'는 명언을 기억하자.

5. 물을 많이 그리고 공복에 자주 마셔라.

하루에 최소한 2,000~2,500ml 이상 물을 마시도록 하라. 인체의 65~70%가 물로 구성되어 있고, 뇌의 약 75%~80%가 물이다. 사람은 움직이는 물통인 셈이다. 체내에서 5%의 물을 잃으면 의식이 혼미해지고, 12%의 물을 잃으면 사망에 이른다. 그러므로 두뇌의 주된 에너지원인 물을 적당히 공급하면 뇌의 혈액 순환을 돕는 데 큰 도움이 된다. 물은 반드시 공복에 마시도록 하라. 물은 노화 방지와 항산화 방지와 몸 안에 생긴 독성 활성 산소의 배출에 큰 도움을 주는 물질이다. 아울러 활성 산소의 공격을 받는 치매와 같은 퇴행성 질환의 예방에 도움을 준다.

6. 중독성 물질을 피하자.

술, 담배, 커피, 믹스커피, 마약, 도박, 포르노 등 중독성 물질은 전두엽을 크게 손상시킨다. 특히 흡연은 기억 중추를 마비시키는 주범이다. 뇌를 파괴하고 망가트리는 중독성 물질은 무슨 일이 있어도 피하는 것이 치매 예방에 좋다.

7. 좋은 기름을 먹되, 기름진 음식이나 육류를 피하자.

콜레스테롤이나 지방은 뇌혈관의 장애를 가져오므로 치매의 원인이 된다. 고기나 지방 대신에 식물성 기름인 올리브유를 먹고 채소와 등 푸른 생선을 많이 먹도록 하자.

8. 과식을 피하고 소식을 하자.

위가 막히면 뇌도 막힌다. 과식은 뇌의 혈액순환을 막아서 치매를 일으킨다. 소식은 건강과 행복의 비결이지만 끼니를 거르지는 말아야 한다. 영양실조는 치매로 가는 고속버스라는 것을 기억하자.

9. 가급적 스트레스를 피하자.

스트레스를 주지도 말고 받지도 말자. 모든 질병의 주범이 스트레스다. 나아가 치매 원인의 1순위도 될 수 있으니 스트레스를 피하고 미소를 머금고 항상 웃음으로 화답하며 즐거운 삶을 살아가자. 많이 웃자. 부모가 웃어야 자식이 웃고, 자식이 웃어야 부모가 웃는다는 말을 강조하고 또 강조를 하는 바이다. 만병의 근원이 스트레스에서 시작된다는 것을 잊지 말고 꼭 기억하자.

10. 성경 구절(성서)이나 불경이나 성현의 말씀을 자주 암송하자.

이렇게 하면 치매의 가장 큰 예방책이 될 것이며, 여기서 행복의 샘이 솟아날 것이다.

위에서 살펴본 것처럼, 현대 의학의 발달로 인해 치매는 불치병이 아니며, 조기 진단하여 조기 치료에 임하는 것이 제일 중요합니다. 치매를 예방하기 위한 건강 수칙 8가지와 치매 예방 관리 수칙 10가지와 치매 예방 십계명을 숙지하고 실천하도록 노력하고 또 노력합시다. 그렇게 함으로써 우리가 치매로부터 해방되어 즐겁고 행복한 노년을 보내기를 간절히 소망하는 바입니다.

"여호와께서 그를 병상에서 붙드시고 그가 누워 있을 때마다 그의 병을 고쳐 주시나이다"(시 41:3).

"그가 네 모든 죄악을 사하시며 네 모든 병을 고치시며"(시 103:3).

"사람의 심령은 그의 병을 능히 이기려니와 심령이 상하면 그것을 누가 일으키겠느냐"(잠 18:14).

"네 하나님 여호와를 섬기라 그리하면 여호와가 너희의 양식과 물에 복을 내리고 너희 중에서 병을 제하리니"(출 23:25).

"일평생을 어두운 데에서 먹으며 많은 근심과 질병과 분노가 그에게 있느니라"(전 5:17).

"너희가 어찌하여 매를 더 맞으려고 패역을 거듭하느냐 온 머리는 병들었고 온 마음은 피곤하였으며"(사 1:5).

"그 거주민은 내가 병들었노라 하지 아니할 것이라 거기에 사는 백성이 사죄함을 받으리라"(사 33:24).

"사람들이 모든 앓는 자 곧 각종 병에 걸려서 고통당하는 자, 귀신 들린 자, 간질하는 자, 중풍병자들을 데려오니 그들을 고치시더라"(마 4:24).

"헐벗었을 때에 옷을 입혔고 병들었을 때에 돌보았고 옥에 갇혔을 때에 와서 보았느니라"(마 25:36).

"예수께서 각종 병이 든 많은 사람을 고치시며 많은 귀신을 내쫓으시되"(막 1:34).

"해질 무렵에 사람들이 온갖 병자들을 데리고 나아오매 예수

치매가 불치병만은 아니야 **159**

께서 일일이 그 위에 손을 얹으사 고치시니"(눅 4:40).

"예수께서 열두 제자를 불러모으사 모든 귀신을 제어하며 병을 고치는 능력과 권위를 주시고 하나님의 나라를 전파하며 앓는 자를 고치게 하려고 내보내시며"(눅 9:1-2).

실버 시대의 수면 장애

　실버 인구가 매년 급증하는 가운데, 정보화시대에 살고 있는 실버 시대의 어르신들은 시시각각 변하는 새로운 생활환경에 제대로 적응하지 못할 뿐만 아니라, 실버 시대에 찾아온 뇌의 기질적 변화로 인해 불면증과 같은 수면 장애를 일으키기 쉽습니다.

　인간 삶의 3분의 1은 잠(수면)으로 이루어지지만, 지금까지의 의학은 평소 각성시의 건강과 질병에만 관심을 기울여 왔습니다. 우리가 수면은 각성시의 수동적인 상태라고 생각해서 수면 건강이나 수면 장애에 대해 무시해 온 것이 사실입니다. 하지만 최근에 수면의학의 눈부신 발달과 더불어 수면에 대한 인식이 바뀌어, 과거의 수동적인 상태에서 현재는 신체 건강에 있어 필수적인 하나의 과정으로 여기고 있습니다.

　잠이란 정상적이고 쉽게 원래 상태로 되돌아올 수 있으며, 반복적으로 나타날 수 있고, 외부 자극에 대해 그 반응이 약해지는 상태를 말합니다. 또한 여러 가지 운동 감각 및 생리적 기준들을 만족시켜 주는 수렴점이라고 정의하기도 합니다. 잠은 의식 상실을 수반하는 내적인 원인에 의한 주기적인 신체적·정신적 생리 기능의 저하 상태, 내외 환경의 자극, 중추성 흥분, 심신의 피로 등과 밀접하게 관련되어 있습니다.

수면이란 사람이 깨어 있는 상태(각성 상태)에서 잠이 든 상태로 옮겨 가는 것, 즉 자율신경계의 중심이 교감신경에서 부교감신경으로 옮겨 가는 것을 뜻합니다. 잠이 들면서 심박동수와 호흡수가 줄어들고, 규칙적으로 바뀌고, 체온도 약간 떨어지고, 근육의 힘도 빠집니다. 이렇게 부교감신경의 지배가 우세해지는 것이 수면 상태이며, 이때 육체와 정신이 쉴 수 있습니다. 따라서 수면은 육체적·정신적 피로를 해소해 줄 뿐만 아니라 다음날을 준비해 주는 보약이며, 청량제 역할을 합니다.

청소년기의 적정 수면 시간은 9시간 정도이고, 성인의 적정 수면 시간은 7~8시간 정도입니다. 충분한 수면을 취하면 몸의 질병을 예방하고, 건강을 유지시키며, 질병의 회복 기능과 면역 기능을 증강시키는 등, 건강에 많은 도움과 영향을 줍니다. 수면 시간이 부족하면 피로감을 쉽게 느끼고, 집중력이 저하되고, 두통이나 어지럼증과 면역력 저하가 나타나기도 합니다.

우리 인체의 뇌파에는 잠과 관련 있는 알파파, 베타파, 세타파, 델타파 4가지 종류가 있으며, 그 외에 스트레스를 받았을 때나 흥분했을 때, 심한 정신적 불안이 찾아왔을 때, 감마파가 측정되기도 합니다. 우리 두뇌의 전두엽(이마엽)은 기억력, 사고력, 추리, 계획, 운동, 감정, 충동, 문제 해결 등의 고등 정신 작용을 관장하며, 다른 연합 영역으로부터 들어오는 정보를 조정하고 행동을 조절하는 대뇌 반구의 전방에 위치한, 매우 중요한 뇌의 일부분입니다.

사람은 나이가 들면 뇌파의 주파수가 느린 델타파인 서파수면(slow-wave sleep)과 관련이 있는 전두엽이 점차 퇴화하면서 깊은 잠을 유도하는 서파수면을 제대로 누리지 못해서 잠을 설칠 뿐만 아니라 기억력도 감소됩니다. 잠을 설치고 나면 스트레스에 대한 저항력이 떨어질 뿐만 아니라 감염에 대한 저항력도 떨어지고, 작업의 효율성도 떨어집니다.

수면의 종류에는 렘수면(REM sleep=Rapid Eye Movement sleep)과 비렘수면(non-REM sleep= non-Rapid Eye Movement sleep)이 있습니다. 수면 중에 안구의 운동이 일어나지 않는 수면을 '비렘수면'이라고 말합니다. 비렘수면은 전체 수면 시간의 75~80%를 차지합니다. 사람이 잠을 자기 시작하면 비렘수면 상태가 먼저 나타납니다. 비렘수면은 뇌파의 종류에 따라 4단계로 구분하는데, 1단계에서 4단계로 진행될수록 점차 깊은 잠에 빠지게 됩니다. 즉 단계가 높아질수록 사람은 깊은 잠을 자고 깨우기가 어려워집니다.

1단계 비렘수면(전체 수면 시간의 5% 정도 차지)은 잠이 들기 시작하는 시기인데, 정상에서는 보통 30초~7분 정도가 걸린다고 합니다. 잠을 청하는 동안 졸리면서, 뇌파는 느려져 '알파파'가 나타나고, 깨어 있을 때(각성기에) 주로 나타나는 '베타파'가 사라지고, 보다 촘촘한 '세타파'가 많이 나타납니다. 이 시기에는 외부의 소음에 대해서도 무뎌지고, 짧은 꿈을 꿀 수도 있습니다. 이 1단계는 비꿈수면 단계를 말합니다.

2단계 비렘수면(전체 수면 시간의 50% 정도를 차지하는데, 가벼운 잠을 자는 시기)에 들면 뇌파는 점차 느려지고 방추 모양의 작고 빠른 뇌파가 나타납니다. 사람을 깨우면 잠이 들었다고 하지도 않고 꿈을 꾸었다고 하지도 않는 시기입니다.

3~4단계 들어서면 '델타파'라는 비교적 느리고 진폭이 큰 뇌파가 나타나는데, 이때의 잠을 델타 수면 혹은 서파수면이라고 칭합니다. 이 시기에 이르면 소위 잠에 취했다고 할 정도로 '깊은 잠'에 빠진 상태가 됩니다. 그래서 이를 '깊은 수면'(숙면)이라고도 부릅니다. 그래서 잠을 깨웠던 일을 다음날 전혀 기억을 하지 못하는 시기입니다. 이 시기에 잠에 문제가 생기면 야뇨증, 몽유병, 야경증, 악몽이 나타납니다.

렘수면은 전체 수면 시간의 20~25%를 차지합니다. 이 수면은 대개 90분 간격으로 반복되고 대략 5~30분간 지속됩니다. 잠이 들면 90분 정도 지나고 나서 렘수면이 나타나는데, 이때 뇌파를 보면 전체적으로 1단계의 수면파와 비슷한데, 톱니 모양의 뇌파가 덧붙여 나타납니다. 잠을 자고 있는데도 뇌파는 깨어 있을 때와 유사하다 하여, 이러한 수면을 역설수면 혹은 신속한 안구운동이 관찰되므로 렘수면이라고도 말합니다.

비렘수면에 비해 렘수면에서 꿈을 잘 꾸고 꿈을 잘 기억하기 때문에 '꿈 수면'이라고도 부릅니다. 이 시기에는 맥박이나 혈압이 올라가고 발기가 지속되며, 렘수면은 길게는 30분 정도 지속되다가 다시 서파수면으로 이어집니다. 밤새 잠을 자는 동안 서파수면과 렘수면이 교대로 나타나는데, 하룻밤 사이에 90분마다 렘수면과 비렘수면이 교대로 5~7번 나타납니다.

사람은 나이가 들수록 수면의 주기 중 비렘수면의 3단계인 서파수면(깊은 수면)이 줄어들게 됩니다. 이 때문에 잠이 들고 난 후에 자주 깨며, 불면증이 더 쉽게 발생합니다. 또한 사람이 나이가 들면 내과적·신경과적 질환이나 이에 따른 약물 투여, 다양한 통증, 스트레스, 불안 및 우울증이 흔하게 나타나기 때문에 이로 인해 젊은이들보다 불면증에 걸리기 훨씬 쉽습니다. 여성들은 실버 시대가 찾아와도 서파수면이 잘 유지되는 반면, 남성들은 그렇지 못한 경우가 많아서, 남성들에게 노인성 수면장애가 더 쉽게 찾아옵니다.

수면장애(sleep disturbance or disorder)란 건강한 수면을 취하지 못하거나, 충분한 수면을 취하고 있음에도 불구하고 낮 동안에 각성을 유지하지 못하는 상태이거나, 또는 수면의 리듬이 흐트러져 있어서 잠자거나 깨어 있을 때에 어려움을 겪는 상태를 포함하는 개념을 말합니다. 수면장애를 '수면각성장애'라고도 부릅니다. 수면장애 중에서도 실버층에 많이 나타나는 것이 실버의 수면장애입니다. 우리나라의 성인 6명 중 1명이, 노인의 절반 이상이 수면장애를 가지고 있습니다. 실버의 수면장애는 그 원인이 매우 다양하므로, 그 원인을 모르면 치료하기가 대단히 어렵습니다.

수면장애의 원인은 다양합니다. 신체적인 장애나 질환이 수면 중에 악화되기도 하면서 수면을 방해하는 신체적인 요인과 스트레스, 정신 질환과 우울 등과 같은 심리적인 요인 등이 있습니다. 그리고 다량의 카페인이 들어 있는 커피 등을 많이 마셔도 수면이 방해를 받습니다. 과도한 낮잠(30분 이상)을 피하는 것도 숙면에 도움이 됩니다.

수면장애 중에서 가장 대표적인 것이 불면증입니다. 불면증에는 정신병성 불면증, 신경증성(스트레스성) 불면증, 노인성 불면증, 우울증에 의한 불면증, 뇌경색 경화증에 의한 뇌 기질성 불면증 등이 있습니다.

렘수면에서는 원래 전신운동 근육의 긴장도가 최대한으로 감소되어 있어 몸을 움직이기가 거의 불가능합니다. 그런데 렘수면 행동장애가 오면 꿈을 꾸면서도 근육의 긴장도가 떨어져 있지 않아 꿈의 내용을 실제로 행동화합니다. 쫓기는 내용의 무서운 꿈을 꾸면 피해 달아나다가 벽에 부딪쳐 다치기도 하고, 때리는 꿈을 꾸면 실제로 옆자리의 부인이나 남편을 무의식 중에 때려 부상을 입히기도 하는 상당히 위험한 병입니다. 렘수면 행동장애 외에도 알츠하이머 치매 환자, 수면 무호흡증,

코골이, 일주기 리듬 수면장애 등 다양한 수면장애 질환이 나이가 들면서 발생할 확률이 높습니다. 그러므로 노인성 수면장애가 발생하면, 나이 들면 으레 그러려니 하고 방치하지 말고, 조기에 얼른 병원을 찾아가 적절한 진료와 치료를 받는 것이 매우 중요합니다.

불면증의 자가 진단법

1. 수면 도중에 TV 소리, 라디오 소리, 차가 지나가는 소리에 민감하여 신경 쓰일 때가 종종 있다.
2. 수면 도중에 속이 답답함을 느낄 때가 있다.
3. 잠이 들기까지(바로 잠들지 못하고) 30~60분 이상 걸리는 경우가 많다.
4. 푹 자지 못하고 한두 번 잠에서 깬다.
5. 꿈을 자주 꾸고 일어나면 꿈의 내용을 기억하는 경우가 많다.
6. 잠에서 깨면 상쾌하지 못하고 머리가 무겁고 온몸이 나른하다.
7. 잠을 자도 피로 회복이 잘 안 된다.
8. 물건을 어디에 두었는지 모르거나 찾지 못하고, 건망증이 심하고, 계산도 자주 틀린다.
9. 우울한 기분이 자주 들고 만사가 귀찮다.
10. 모든 일이 귀찮을 때가 많다.
11. 한 번 잠에서 깨면 다시 잠을 이루기 어렵거나 힘들 때가

자주 있다.
12. 수면 부족으로 낮에 자주 졸린다.
13. 수면장애로 인해 감정 조절이 잘 안 되고 집중력이 저하된다.
14. 수면제를 복용해도 잠이 잘 안 온다.

위의 항목들 중에서 5~6개 이상 지적되거나 나타나면 불면증일 확률이 높으므로, 규칙적인 생활과 함께 전문의를 찾아가 상담 및 진료를 받아 보고, 치료를 받는 것이 좋습니다.

실버 세대에게 권하거나 권장하는 수면에 관한 10가지 수칙, 다시 말해 실버 세대에게 필요한 수면 십계명은 다음과 같습니다.

실버 세대에게 필요한 수면 십계명

1. 아침 기상 시간을 일정하게 유지하여 '생물학적 시계'가 제대로 돌아가도록 도와준다.
2. 낮잠을 가능하면 피한다. 불가피한 경우에는 일정한 시간대에 낮잠을 자되, 가능하면 30분 이상을 자지 않는다.
3. 매일 규칙적인 시간에 운동을 하면 숙면에 도움을 준다.
4. 잠들기 전에 술을 마시는 일은 수면의 질을 떨어트릴 뿐만 아니라 어느 면에선 역효과를 초래한다는 것을 기억해야 한다.
5. 저녁식사 이후에는 중추신경을 자극하고 흥분시키는 카페

인이 들어 있는 기호식품이나 식음료는 가급적 피하거나 금한다(커피, 피로 회복용 드링크제 등등).
6. 취침 전에 따끈한 우유 한 잔은 잠을 이루는 데 도움을 준다.
7. 취침 전에 흡연은 니코틴의 작용으로 숙면을 방해한다.
8. 조용하고 안락한 침실 분위기를 마련하고, 화장실이나 목욕탕에는 비상 호출기를 장만해 놓는다.
9. 잠이 안 올 때에는 침실에서 억지로 잠들려 하지 말고, 거실에 나가 조용히 앉아서 묵상하거나 책을 읽고, 졸리면 들어가서 잠을 청한다.
10. 잠이 안 오면 차라리 밤을 새우겠다는 마음가짐으로 임하는 것이 좋다. 하루나 이틀 잠을 설친다고 해서 크게 건강에 이상이 생기지는 않는다.

잠이 안 오거나 불면증이 있으면 사람들은 수면제를 복용하여 잠을 청하는 경우가 있는데, 이는 옳은 방법이 아닙니다. 자신의 불면증의 원인이 무엇인지를 찾아내어 그것을 치료하는 것이 급선무라고 생각합니다. 또한 인지요법이나 행동요법 같은 비약물적인 치료법을 시행해 보는 것도 좋을 것 같습니다. 물론 수면제와 같은 약물을 보조적으로 사용할 수도 있지만, 심하면 수면 클리닉을 찾아가 상의하고 진료를 받아 보는 것이 최우선이라고 여겨집니다. 그리고 제때에 제대로 치료를 받아야 약물 의존을 막을 수가 있습니다.

"예수께서 그를 병상에서 붙드시고 그가 누워 있을 때마다 그의 병을 고쳐주시나이다"(시 41:3).

"해 질 무렵에 사람들이 온갖 병자들을 데리고 나아오매 예수께서 일일이 그 위에 손을 얹으사 고치시니"(눅 4:40).

"너희가 일찍이 일어나고 늦게 누우며 수고의 떡을 먹음이 헛되도다 그러므로 여호와께서 그의 사랑하시는 자에게는 잠을 주시는 도다"(시 127:2).

"그날 밤에 왕이 잠이 오지 아니하므로 명령하여 역대기를 가져다가 자기 앞에서 읽히더니"(에 6:1).

"느부갓네살이 꿈을 꾸고 그로 말미암아 마음이 번민하여 잠을 이루지 못한지라"(단 2:1).

"그러므로 너희 중에 약한 자와 병든 자가 많고 잠자는 자도 적지 아니하니"(고전 11:30).

"예수께서 질병과 고통과 및 악귀 들린 자를 많이 고치시며 또 많은 맹인을 보게 하신지라"(눅 7:21).

과도한 스트레스는
건강의 적이다 Ⅰ, Ⅱ

Ⅰ. 스트레스는 만병의 근원이다

 밀물처럼 몰려오는 정보의 홍수 속에서, 날이 갈수록 복잡해지는 생활 여건과 급변하는 환경에 적응하며 우리는 힘겹게 살아가고 있습니다. 특히 자고 일어나면 새롭게 등장하는 정보에 뒤지지 않으려고 젖 먹던 힘까지 다하며 열심히 살아가는 게 우리의 현실입니다. 이러한 여건 속에 사는 우리는 많은 스트레스를 받지 않을 수 없습니다. 스트레스는 인간의 모든 삶의 영역에 존재하기에 그 누구도 스트레스를 피해 갈 수는 없습니다. 스트레스는 인간이면 누구나 적응해야 할 어떤 변화를 의미하기도 합니다.
 많은 사람들이 일상생활 속에서 스트레스(stress)라는 단어를 자연스럽게 사용하고 있지만, 정작 그 스트레스의 정의가 무엇인지 물어보면 제대로 설명하지 못하는 단어이기도 합니다. 이는 우리가 다양한 상황에서 스트레스라는 단어를 사용하면서 그 정의가 모호해진 것을 반영한 것으로 보입니다.

우리가 일생을 살아가면서 감기 한 번 안 걸린 사람이 없듯이, 태어나 스트레스를 한 번도 안 받고 평생을 사는 사람은 이 세상에 단 한 명도 없다고 생각합니다. 인간은 어떤 형태로든 각종 스트레스를 받으며 살기 마련입니다.

우리가 생활하면서 스트레스 상황에 직면하면 스트레스에 대한 1차적인 신체 반응이 일어납니다. 자율신경계의 교감신경계가 활성화되어 혈액 내로 스트레스 호르몬들을 분비하여 신체가 응급 상황에 반응할 수 있도록 신체의 자원들을 동원하여 준비합니다. 반면에 자율신경계의 부교감신경계의 기능은 저하되는 쪽으로 작동합니다. 즉 신체의 감각기관이 스트레스를 접하면 뇌로 전달되어 교감신경과 내분비기관을 자극하여 스트레스 호르몬인 코르티솔과 아드레날린과 노어아드레날린을 분비해 스트레스 반응을 일으킵니다.

생활이라는 카테고리(범주) 안에서 스트레스를 유발하는 요인은 매우 다양하게 나타나므로, 적응의 관점에서 볼 때 우리가 스트레스를 어떻게 평가하고 대처하느냐가 상당히 중요하다고 생각합니다.

우리가 살면서 스트레스를 제대로 컨트롤하거나 극복하지 못하면 자율신경계가 교란을 일으켜 다양한 증상들이 나타나게 되고, 면역기능을 약화시켜 감염에 대한 저항력을 떨어트립니다.

스트레스는 '팽팽하게 죄다'라는 뜻을 가진 라틴어인 '스트링거(stringer)로부터 파생된 물리학 용어입니다. 어떤 물체에 외부의 힘을 가하면 스트레스의 영향으로 인해 변형(strain)이 생기는데, 변형 속에서 평행을 유지하기 위하여 내부 상호 간에 발생하는 힘을 '스트레스'라고 표현하기도 합니다.

그러한 물리학적 개념으로부터 파생된 스트레스란 용어는 오늘날 우리가 조금 다른 개념으로 사용하고 있습니다. 그리고 의학에서도 스트레스라는 단어가 사용되고 있는데, 이를 처음으로 사용하고 적용시킨 사람이 오스트리아 출생인 캐나다 몬트리올 대학의 내분비 학자인 한스 셀리에(Hans Selye) 박사입니다. 그는 생쥐를 대상으로 스트레스에 대한 신체적·생리적 반응을 연구하여 "스트레스가 질병을 일으키는 중요한 인자"라고 발표했습니다. 동시에 그는 스트레스의 원천이 어떤 유형이냐에 따라 두 종류의 스트레스가 존재한다고 발표했습니다.

스트레스가 당장에는 부담스럽다고 하더라도 적절히 대응할 때, 삶을 보다 나은 방향으로 이끌어 주고 바람직하고 긍정적인 효과를 삶에 가져다준다면, 그 스트레스는 상쾌하고 좋은 '유쾌한 스트레스'(eustress)라고 명명했습니다. 다른 하나는 자신의 대처나 적응에도 불구하고 바람직한 결과가 나타나지 않고, 계속해서 삶이 나쁜 방향으로 지속되므로 불안이나 우울증을 야기하는 매우 부정적이고 기분이 좋지 않은 스트레스를 '불쾌한 스트레스'(distress)라고 명명했습니다.

심적 갈등, 정신적 갈등, 직장과 학교와 가정과 가사에서 발생한 골치 아픈 일, 대인관계에서 야기되는 속상한 일, 감당하기 어려운 주위 환경의 갑작스런 변화들이 스트레스의 요인 및 원인으로 작용을 합니다. 이러한 요인들 때문에 어떤 대상에서 주어진 것이 개체에 해로운 정신적·육체적 자극으로 가해졌을 때에 그 생체가 나타내는 반응을 스트레스라고 부릅니다.

또한 사람이 변화된 새로운 환경 조건에 대응하지 못한다고 느껴지거나, 신체적으로 심리적으로 자기에게 해를 끼칠 것으로 우려되는 상황에 부딪쳐서 생기는 긴장과 불편함을 스트레스라고 칭하기도 합니다.

일반적으로 한 개체에 미치는 육체적·정신적 자극(원인)을 스트레서(스트레스 요인 혹은 스트레스 인자) 또는 스트레스 유발인자(trigger)라고 말합니다. 우리의 생체에 가해지는 여러 상해 및 자극에 대하여 체내에서 일어나는 비특이적인 생물학적 반응을 스트레스라고 말합니다. 따라서 엄밀하게 말해 '스트레스를 받는다'가 아니라 '스트레서를 받는다'라고 해야 맞지만, 요즘은 개체에 가해지는 자극과 그에 대한 반응을 혼용해서 모두 스트레스라고 사용하고 있습니다. 즉 외부의 자극이나 변화에 대한 개인의 신체적·정신적·감정적·행동적인 반응 내지 적응을 스트레스라고 일컫습니다.

일반인들은 스트레스의 의미에 대해 설명할 때에 스트레스 요인(스트레서)과 스트레스 반응이라는 두 가지 용어를 혼용해서 사용합니다. 예를 들면, "공부가 나한테는 스트레스야" 말하면 이는 '스트레스의 반응'인 것이고, "상사가 나에게 스트레스를 준다"고 말하면 이는 '스트레스 요인'이거나 '스트레스 원'이 되는 것입니다. 우리가 용어적인 측면에서 사용하는 스트레스라는 의미는 주로 '스트레스 반응'이지만, 드물게는 그 개념을 명확하게 구분하기 위해 스트레스 요인(원인)과 스트레스 반응(증상)으로 나누어 설명하기도 합니다.

앞에서 말했듯이 스트레스의 원인을 스트레서(stressor, 스트레스 요인 혹은 스트레스원)나 스트레스 유발 인자라고 부릅니다. 그 스트레스의 원인에는 외적 원인과 내적 원인이 있습니다. 외적인 원인에는 소음, 강렬한 빛이나 열, 무례함, 배우자의 사망, 결혼, 이혼, 별거, 친인척의 죽음, 득남, 타인과의 격돌, 자녀 교육 문제, 해고, 퇴직, 실직, 층간소음, 승진 등이 있고, 내적인 원인에는 카페인, 수면 부족, 과도한 업무, 비관적인 생각, 자기 학대, 부정적인 생각, 과장되고 경직된 사고방식, 비현실적인 기대감, 독선적인 생각, 완벽주의를 추구하는 성격, 일벌레 등이 있는데, 대부분은 자기 자신에 의한 '내적 원인'에 기인합니다.

현대인들은 내적·외적인 스트레스로 인해 몸과 마음이 멍들고, 스트레스가 각종 질병의 근원이 되며, 총체적인 공황 상태로 삶의 무기력증에 빠지는 경우가 허다합니다.

우리가 접하게 되는 스트레스의 종류는 다음과 같이 여러 가지가 있습니다.

첫째, 외부에서 전달되는 자극의 종류에 따라 스트레스를 신체적 스트레스, 심리적 스트레스, 정서적 스트레스, 정신적 스트레스로 분류하고 있습니다.

둘째, 한스 셀리에(Hans Selye)는 스트레스를 유쾌한 스트레스와 불쾌한 스트레스로 분류했습니다.

셋째, 스트레스 원(스트레스 요인)에 따른 스트레스의 종류는 다음과 같은 4가지로 분류합니다. 생활 사건의 스트레스, 물리적 환경 스트레스, 직무 스트레스, 신체적·심리적 및 사회적 스트레스입니다.

넷째, 스트레스의 발생 시기 및 진행 과정에 따라 급성 스트레스와 만성 스트레스로 분류합니다. 급성은 급작스럽게 몸이 아플 정도로 심한 충격을 주는 정도의 스트레스를 말하는데, 대부분 4주 이내에 사라집니다. 하지만 만성은 특정한 환경에서 반복되는 종류의 스트레스 요인이나 인자에 의해 받는 스트레스를 말합니다.

우리가 겪게 되는 스트레스의 일반적인 증상들은 다양하지만, 대개 다음과 같이 4가지 범주로 나눌 수 있습니다.

1. 신체적 증상

    피로, 두통, 불면증, 근육통, 소화불량, 경직(뒷목, 어깨, 허리), 어지럼증, 구토, 안면홍조, 땀흘림(다한증), 흉부 통증, 복통, 현기증, 심계항진(맥박이 빨라짐), 식욕 부진, 팔다리가 저림, 가슴이 답답함, 스트레스성 위염, 위궤양.

2. 정신적 증상

    집중력 저하, 기억력 감소, 우유부단, 마음이 텅 빈 느낌, 혼동, 유머 감각 소실.

3. 감정적 증상

    불안, 초조, 신경과민, 우울증, 분노, 좌절감, 근심, 걱정, 성급함, 조급함, 인내력 부족.

4. 행동적 증상

    안절부절(좌불안석), 손톱 깨물기, 발 떨기, 신경질적임, 폭식, 과다 흡연, 욕설, 비난, 물건 던지기, 구타와 같은 행동의 증가.

스트레스는 '만병의 근원'이라고 할 정도로 우리 몸의 질환 중 스트레스의 영향을 받지 않는 것은 없습니다. 인체가 스트레스를 받으면 스트레스 호르몬인 아드레날린, 노어아드레날린, 코르티솔 등이 분비되어 위에서 언급한 신체적 증상, 정신적 및 감정적 증상이 나타나고, 행동적 증상도 증가합니다.

우리가 일상생활을 하면서 스트레스를 적절히 해소하지 못하고 그 스트레스가 누적되면 내분비계, 자율신경계, 면역계 등이 교란되어 인체의 항상성이 깨지고, 심한 육체적 질병으로 발전할 수 있다는 것을 알아야 합니다. 한 의학 보고서에 의하면 성인병의 70%가 스트레스에 기인한 것이라고 하니, 스트레스가 건강의 적신호로 작용하는 것만큼은 미루어 짐작이 가능합니다.

아이러니컬한 얘기지만 일상생활을 하면서 스트레스를 조금도 안 받는 사람이 건강할까요? 결론부터 얘기하면, '아니다'가 답입니다. 과도한 스트레스가 건강을 해치는 것은 분명하지만, 반면에 스트레스를 지나치게 회피하거나 극도로 제한하면 오히려 질병을 많이 유발할 수 있습니다. "그러므로 적당한 스트레스는 건강하고 건전한 삶을 유지하는 데 꼭 필요한 필수사항이며, 필요충분조건이 됩니다."

흔히 사람들은 실직이나 해직, 가족과의 사별, 이혼이나 별거, 파혼, 재산 탕진과 파산과 같은 나쁜 일만 스트레스라고 생각하기 쉽지만, 승진이나 영전, 연애, 결혼, 득남, 내 집 장만, 해외여행 등 좋은 일을 겪을 때도 긴장과 더불어 흥분과 떨리는 경험을 맛보게 됩니다. 좋은 일 역시 스트레스 반응을 유발하는 중요한 이유가 됩니다. 위에 기술한 양자는 전혀 다른 차원의 스트레스이지만 생리학적으로는 똑같은 경험을 하도록 만듭니다. 그렇지만 지속 시간의 차이, 스트레스 반응으로 인해 파급 효과가 다르기 때문에 장기적으로 건강에 미치는 영향과 효과는 사뭇 다르게 나타나기 마련입니다.

무엇보다도 실제 생활에서 경험하는 대부분의 스트레스들은 각각 고유한 성질에 따라 명확히 구분되지만, 개개인의 마음가짐이나 대처 방식에 따라 매우 다르게 작용할 수 있습니다. 예를 들면, 새로운 업무를 맡게 되었을 때, 그 일에 대해 어떤 자세와 태도를 가지고 임하느냐에 따라 천양지차가 됩니다. 어떤 사람에게는 즐겁고 좋은 유쾌한 스트레스로 작용하지만, 어떤 사람에게는 기분이 나쁘고 즐겁지 않은 불쾌한 스트레스로 작용하기 때문입니다.

미국의 토머스 홈즈(T. Holmes)와 리처드 래이(R. Rahe)가 1976년에 개발한 스트레스 척도(사회 재적응 평가 척도)라는 것이 있습니다. 사람들이 생활을 하면서 직면하게 되는 43개 항목의 주요 변화가 스트레스에 어느 정도의 영향을 미치는가를 수치로 나타낸 것을 말합니다. 배우자의 사망(100점), 이혼(73점), 별거(65점), 복역(63점), 친인척 사망(63점), 개인적인 부상과 질병(53점), 결혼(50점), 해고와 실직(47점), 은퇴(45점) 등이라고 했습니다. 그중에서도 배우자의 사망이 가장 큰 스트레스로 다가옵니다.

다시 말해, 생활 사건들의 상대적 크기를 통계적 방법으로 계수화하여 만든 사회 재적응 평가 척도로써, 43개 항목 중에서 그들의 합이 200~300점 이상이면 질병의 발생 위험이 높다고 보며, 많은 질환과 연관성이 있다고 보고했습니다. 이 사회 재적응 평가 척도는 스트레스 자가 진단 테스트 방법이라는 것을 독자들은 꼭 기억하시길 바랍니다.

"왕이 내게 이르시되 네가 병이 없거늘 어찌하여 얼굴에 수심이 있느냐 이는 필연 네 마음에 근심이 있음이로다 하더라"(느 2:2).

"내 눈은 근심 때문에 어두워지고 나의 온 지체는 그림자 같구나"(욥 17:7).

"내 눈이 근심으로 말미암아 쇠하며 내 모든 대적으로 말미암아 어두워졌나이다"(시 6:7).

"내 마음의 근심이 많사오니 나를 고난에서 끌어내소서"(시 25:17).

"내가 잠잠하여 선한 말도 하지 아니하니 나의 근심이 더 심하도다"(시 39:2).

"웃을 때에도 마음에 슬픔이 있고 즐거움의 끝에도 근심이 있느니라"(잠 14:13).

"마음의 즐거움은 얼굴을 빛나게 하여도 마음의 근심은 심령을 상하게 하느니라"(잠 15:13).

"하나님의 뜻대로 하는 근심은 후회할 것이 없는 구원에 이르게 하는 회개를 이루는 것이요 세상 근심은 사망을 이루는 것이니라"(고후 7:10).

II. 스트레스에 대처하는 방법

　기계도 그 자체 탄력의 한계를 넘어서는 압력을 받으면 이탈되고 고장이 나는 것처럼, 우리 인간도 자신의 적응 능력 이상의 불안을 유발하는 스트레스를 받으면, 명백한 행동이든 상징적인 행동이든 간에 모두 와해될 수밖에 없습니다. 아무리 건강하게 모든 일에 적응을 잘하는 사람일지라도 스트레스에 약한 심리적인 특수 영역이 있기 마련입니다. 따라서 반복적이거나 축적된 스트레스 때문에 인간의 적응 자세와 정상적인 정신적 방어기전이 더 이상 유지될 수 없을 때에 인간은 적응 능력을 잃어버리게 됩니다.
　우리 주위에는 스트레스를 잘 극복하는 사람과 잘 극복하지 못하는 사람이 있습니다. 이 두 유형 중에서 스트레스를 잘 극복하는 사람이란 문제 해결에 낙천적이고, 좌절에도 불구하고 사기가 높고, 남의 제안에 개방적이고 융통성을 발휘하고, 가능성이 있는 다양한 결과를 생각해 보고 대응책을 세우며, 극단적인 감정을 피하려고 노력을 많이 하고, 매우 침착한 사람을 말합니다.
　반면에 스트레스를 잘 극복하지 못하는 사람이란 자신에 대한 기대치가 지나치게 높고, 경직된 시야를 갖고 있으며, 판단의 기준에 융통성이 별로 없고, 타협이나 남에게 도움을 청하는 것을 꺼려하고, 편견에 사로잡혀 있고, 당면한 문제에 초점을 맞추지 못하고, 닥친 일에 적절한 대안이나 차선책을 찾지 못하기 때문에 수동적이고, 행동함에 있어 매우 우유부단한 성격을 지닌 사람을 말합니다.

우리에게 스트레스를 안겨 주는 생활 속의 사건들을 제시하여 우리가 정신적·심리적으로 연관되는 스트레스의 전반적인 강도를 평가하기 위한 방법이 '스트레스 지수'입니다. 그러한 스트레스 지수를 평가하기 위한 항목은 다음과 같습니다.

1. 언제나 초조해 하는 편이다.
2. 흥분을 잘하고 화를 잘 내는 성격이다.
3. 집중력이 쉽게 저하되고, 인내력이 없거나 부족한 편이다.
4. 건망증이 심한 편이다.
5. 기분이 우울하기도 하고 침울한 편이다.
6. 뭔가 하는 것이 귀찮다는 생각이 자주 든다.
7. 의심이 많고, 자주 망설이는 편이다.
8. 매사에 자신감이 없고, 잘 포기하는 편이다.
9. 무엇인가를 하지 않으면 마음이 진정되지 않는다.
10. 심사숙고하지 않고, 성급한 판단을 자주 하는 편이다.

이상의 10개 항목 중에서 본인의 상황과 일치하는 항목의 수가 적을수록 스트레스를 덜 받고 건강하고 정상적인 상태입니다. 반면에 본인의 상황과 일치하는 항목의 수가 많을수록 평소 스트레스를 많이 받고 있는 상태로써, 심하면 전문적인 치료를 받아야 합니다. 다시 말해, 위의 항목과 일치하는 항목의 수가 1~3개이면 본인 스스로 스트레스를 인지하지 못하는 지극히 정상적인 상태로, 이 정도는 오히려 생활의 활력소가 된다고 보면 좋습니다. 일치하는 항목 수가 4~6개 정도이면 다소 실감나게 스트레스를 받고 있는 상태에 속하며, 본인과 일치하는 항목 수가 7~9개 정도면 상당히 피곤하게 스트레스를 많이 받고 있는 심각한 상태라고 할 수 있는데, 이 경우에는 정신건강의학과 전문의와 상담하는 등 전문적인 치료가 필요한 단계라고 말할 수 있습니다.

많은 사람들은 흡연, 과음, 도박 등으로 스트레스를 해소하려고 합니다. 그러나 술, 담배, 약물에 의존할수록 스트레스는 더욱 가중될 수 있으며, 중독성이 강한 물질들을 오랫동안 탐닉할 경우 면역력이 저하되어 건강이 악화될 수 있습니다. 그러니 술, 담배, 약물을 멀리하고, 대신에 운동을 하면서 능동적으로 자기의 스트레스를 수용하되, 자신의 한계를 인정하고 그 안에서 적절히 대응하는 방법을 찾는 것이 최선이라는 것을 알아야 합니다.

젊은 시절에 눈코 뜰 사이 없이 숨 가쁘게 시간 가는 줄 모르고 앞만 보며 살다가 눈 깜짝할 사이에 실버 시대를 맞이하게 됩니다. 젊은 시절과 중·장년기에 감당하기 어려운 '과도한 스트레스'를 받아가며 숨 가쁘게 살아온 실버들이여! 우리가 나이를 먹을수록, 나이가 들어갈수록, 처신과 행동을 어떻게 해야 지나친 스트레스를 받지 않고 노년기를 건강하고 즐겁고 행복하게 보낼 수 있을까요? 이제부터라도 우리의 실버 시대를 지나친(과도한) 스트레스를 받지 않고 마음껏 즐기면서, 제2의 청춘을 구가하면서, 행복하고 건강하게 병들지 않고 '구구팔팔 이삼사'(99세까지 팔팔하게 살다가 2~4일간만 앓다가 세상을 떠난다는 뜻) 할 수 있도록, 복된 장수를 누릴 수 있도록 가능한 모든 노력을 다 했으면 하는 바람입니다.

실버들이여! 파이팅! 제2의 청춘을 위해 젖 먹던 힘까지 다 내어 힘차게 앞으로 전진해 나갑시다. 실버들이여! 약해지지 마십시오! 몸뿐만 아니라 마음도 약해지면 절대로 안 됩니다. 약해지면 약해진 그 순간부터 스트레스를 많이 받게 됩니다. 스트레스를 많이 받아 과도한 스트레스나 만성적인 스트레스로 진행되면 면역력이 현저히 떨어져서 질병에 걸리기 아주 쉬운 상태로 변해 버립니다.

실제로 그렇게 되면 면역력이 현저히 떨어져 만성 질환인 폐결핵이나 천식이나 잦은 감기, 과민성 방광염, 류머티스 관절염, 암, 난치성 질환이 발병하거나 발생하기도 하고, 우울증이나 치매가 오기 쉽다는 것을 기억하고 또 기억해야 합니다. 과도한 스트레스와 만성적인 스트레스는 '만병의 근원'이라는 것을 다시 한 번 기억하시고, 되도록이면 생활 속에서 스트레스를 많이 받지 않도록 애쓰며, 그 대처 방법과 방안을 익혀 두시고 꼭 실천하시기 바랍니다.

스트레스는 뭐니 뭐니 해도 예방을 잘 하는 것이 매우 중요합니다. 우선 원만한 가정과 학교와 직장 생활을 유지하도록 노력하고, 사교 모임, 종교 활동, 취미생활에 적극적으로 참여하여 자신을 위한 사회적 지지 체계를 강화해야 합니다. 항상 자신이 환경을 다스린다는 신념과 배짱을 가지고 행동하십시오. 시간 관리에 힘쓰고 현실적인 목표를 설정하여 행동하며, 일의 순위를 정하여 자신의 생활을 조직화해야 합니다. 매일 규칙적인 운동을 통해 스트레스를 해소하려고 노력하십시오. 그리고 스트레스가 될 만한 사건들을 미리 정해 놓고 대비를 하십시오.

스트레스는 예방도 중요하지만, 그 스트레스를 '대처하고 극복하는 방법들'을 숙지하여 제대로 실천하는 것이 스트레스를 관리하는 데 있어 참으로 중요합니다. 다음에 그 몇 가지를 살펴보고자 합니다.

1. 행동 전략

스트레스는 사건에 대한 생리적 혹은 감정적 반응으로 개념화할 수 있으므로, 스트레스 관리도 이러한 요소를 다루어 줌으로써 가능합니다. 이러한 행동 전략에는 이완 훈련, 점진적 근육 이완, 생체 되먹이기, 명상, 최면 등이 있습니다.

2. 인지 전략

사건에 대한 해석을 바꿔 주어 스트레스와 연관된 문제들을 해결하는 방법을 말합니다. 예를 들면, 남들 앞에서 말을 하다가 실수한 것에 대해 심한 부끄러움과 자책을 느끼는 것은 내 행동이 완벽해야 한다는 생각을 가지고 사건을 해석했기 때문입니다. 이러한 해석을 다른 방향으로 바꿔 줌으로써 그에 대한 스트레스를 경감시켜 주는 것이 인지 전략입니다. 이런 치료법은 우울, 불안, 분노 조절 등의 치료에 매우 효과적입니다.

3. 운동 요법

운동을 해서 신체적으로 강해지는 것이 보다 스트레스를 효과적으로 방어할 수 있게 도와줍니다.

4. 음식 섭취 방법

규칙적인 식사와 적당한 체중을 유지하도록 하되, 섬유질이 많은 음식을 섭취하고, 지방 섭취는 되도록이면 피하며, 당분 섭취도 가급적 줄이는 것이 좋습니다.

5. 지지적 정신 치료

이 치료법은 현실 지향적이고 실용적인 접근 방법으로써, 일상의 스트레스를 극복하고 처리하는 현실적 기술들을 가르치거나, 현실 평가력을 키워 주거나, 삶의 구체적인 문제들을 해소하는 것을 돕거나 또는 재발 시에 재발을 일으킨 환경적 원인들이나 그 증상들을 점검하는 데 초점을 두고 행하는 치료법을 말합니다. 이 치료법은 갈등의 원인을 파헤친다거나 근본적인 인격의 변화를 시도하지 않고, 환자에게 남아 있는 방어기제를 보강해 주면서 간접적인 고통과 증상을 완화시켜 주고자 하는 표층적인 치료법입니다. 사회적인 지지와 건강 사이에는 강한 연관성이 있으므로 지지적 정신 치료가 스트레스 관리에 효과가 있음은 자명합니다.

6. 약물 치료

약물 자체가 적절한 스트레스 대응 기술의 개발을 대신할 수는 없고, 다른 치료를 하면서 보조적인 방법의 하나로써 사용하는 것이 바람직하다고 여깁니다.

우리가 행할 수 있는 또 다른 스트레스 대처 방안으로 다음과 같은 5가지를 생각해 볼 수 있습니다.

첫째, 규칙적인 생활과 건전한 생활 리듬을 유지하는 일입니다.

둘째, 자기 분수에 맞는 취미 생활과 오락, 스포츠 등으로 심신의 스트레스를 해소하는 방법이 있습니다.

셋째, 원만한 인격으로 보다 적극적인 대인관계를 갖는 일입니다.

넷째, 매사에 주인 의식을 갖고 충실하려는 노력과 습관을 갖는 일입니다.

다섯째, 필요한 경우에는 정신건강의학과 의사 선생님을 찾아가 상담하고 지도를 받는 것도 스트레스를 해소하는 데 도움이 될 것입니다.

끝으로 스트레스를 해소하는 데 도움을 주는 좋은 음식에는, 검은깨나 호두와 같은 견과류, 대추나 꿀 등 단맛이 나는 자연 식품, 씀바귀와 같은 쓴맛의 채소류, 메밀이나 녹두처럼 해독 작용이 있는 식품 등이 있습니다. 그런데 스트레스를 많이 받는다고 해서 지나치게 단 것을 많이 섭취하면 오히려 스트레스를 더 악화시킬 우려가 있으므로 주의가 필요합니다. 특히 스트레스로 인한 우울증일 때 설탕을 다량 섭취하면 오히려 우울증을 악화시키므로, 단 것을 함부로 많이 섭취하는 일은 가급적 피하는 것이 좋습니다.

우리가 일상생활을 하면서 적당한 수준의 스트레스를 받으면 생활에 활력이 생기면서 동기가 유발되지만, 스트레스 지수가 매우 높거나 지나칠 경우 건강이나 삶에 해로운 영향을 주게 된다는 사실을 꼭 기억하시길 바랍니다.

사람은 매일매일 생활을 하는 가운데 여러 면에서 스트레스를 받기 마련입니다. 생활 속에서 스트레스를 받을 때에 생활의 일부로 받아들이고, 그것을 능동적으로 융통성 있게 헤쳐 나가는 것이 현명합니다. 특히 실버들에게 찾아온 지나친 스트레스는 건강을 해치는 독소가 됩니다. 그것을 슬기롭게 대처하는 방법과 극복하는 방법을 제대로 숙지하시고 실천하시되, 가급적이면 많은 스트레스를 받지 않도록 각별히 신경을 써야 할 줄로 생각합니다.

우리가 한평생을 살아가면서 감기 한 번 안 걸리고 사는 사람이 없듯이, 태어나 일상생활을 하면서 스트레스를 한 번도 안 받고 사는 사람은 이 세상에 없습니다. 사람은 어떤 형태로든 스트레스를 받으며 살기 마련입니다. 우리 모두 스트레스를 가급적 적게 받도록 노력합시다. 항상 웃으면서 즐겁고 복되고 활기찬 생활을 꾸려나가는 데 최선을 다하는 지혜로운 자들이 됩시다. 모두 다 제2의 청춘을 신나고 멋있게 구가하며 건강하고 복을 실컷 누리는 실버들이 되기를 간절히 바랍니다.

"목숨을 위하여 무엇을 먹을까 무엇을 마실까 몸을 위하여 무엇을 입을까 염려하지 말라 목숨이 음식보다 중하지 아니하며 몸이 의복보다 중하지 아니하냐"(마 6:25).

"너희 중에 누가 염려함으로 그 키(=목숨)를 한 자라도 더할 수 있겠느냐"(마 6:27).

"그러므로 내일 일을 위하여 염려하지 말라 내일 일은 내일이 염려할 것이요 한 날의 괴로움은 그날로 족하니라"(마 6:34).

"그런즉 가장 작은 일도 하지 못하면서 어찌 다른 일들을 염려하느냐"(눅 12:26).

"너희는 스스로 조심하라 그렇지 않으면 방탕함과 술취함과 생활의 염려로 마음이 둔하여지고 뜻밖에 그날이 덫과 같이 너희에게 임하리라"(눅 21:34).

"아무것도 염려하지 말고 다만 모든 일에 기도와 간구로, 너희 구할 것을 감사함으로 하나님께 아뢰라"(빌 4:6).

"너희 염려를 다 주께 맡기라 이는 그가 너희를 돌보심이라"(벧전 5:7).

3부
실버 시대를 보람 있게 보내기 위한 지혜로운 삶

이 세상을 살면서,
우리 모두 "나는 당신이 있어서
참으로 행복합니다"라고
진심으로 얘기할 수 있는
인생의 동반자와 친구들을 만나
남은 인생을 건강하고, 즐겁고, 행복하게,
후회 없는 삶을 살다가 가야 한다.

남은 인생 후회 없이
살다 가세!

　우리의 인생은 아침에 꽃이 피었다가 저녁에는 시드는 풀잎과 같은 존재요, 한낮이 되면 신기루처럼 사라지는 풀잎 위에 놓인 아침 이슬과 같은 존재요, 잠깐 보이다가 없어지는 안개와 같은 존재다.
　우리는 나그네 인생이고, 우리 인생은 나그넷길이다. 빈손으로 왔다가 빈손으로 가는 것, 즉 공수래공수거. 이것이 우리의 인생이다.
　발가벗고 알몸으로 와서 알몸으로 떠나는 인생 또한 무겁기만 할진대, 그대는 무엇이 아까워 힘겹게 이고 지고 안고 있는가? 빈손으로 왔으면 빈손으로 가는 것이 자연의 법칙이요 순리이거늘, 그대는 무슨 욕심과 과욕으로 모두 다 가져가려고 안간힘을 쓰는가? 간밤에 꾼 호화로운 꿈도 깨고 나면 다 허무하고 무상한 일장춘몽이며, 어제의 꽃피는 봄날도 오늘의 그림자에 가려 보이지 않는데, 그대는 지금 무엇을 붙잡으려고 그렇게 발버둥치며 안달하고 있는가? 벌거벗은 몸으로 이 세상에 나와 숨 돌릴 겨를도 없이 분주하게 살아가는 동안 이것저것 걸쳐 입어 보고, 맛있는 음식 다 먹어 보고, 세상 구경 실컷 잘 했으면 그만이지, 그 무슨 탐욕과 염치로 세상 것들을 다 가지려고 온갖 애를 쓴단 말인가?

 죽음에 이르는 요단 강을 건너는 일은 멀고도 험하다고 하는데, 그대는 무슨 힘이 그리 세다고 이 같은 애착에서 벗어나지 못하는가? 세상 떠날 때에는 어차피 훌훌 털고 미련 없이 떠나야 할 길이라면, 남은 인생을 행복하고 후회 없이 살다가 그 무거운 짐일랑 모두 다 내려놓고, 처음 빈손으로 왔던 그 모습 그대로 편하고 홀가분하게 후회 없이 떠나는 게 어떠신가?

 이 세상의 모든 부귀영화는 이 세상의 것일 뿐이니, 행여나 마음에 두거나 괘념치 마시오. 이 세상과 작별할 때에 알몸을 덮어 주는 무명천 하나만 걸쳐도 그대는 손해를 볼 것이 하나도 없지 않은가? 너그럽고 인자한 자로서 살아생전에 선을 행하고 선한 사업을 많이 하되, 그중에서도 나누고 베풀며 봉사활동하면서, 그 속에서 행복하고 기쁘고 즐겁게 웃으면서 살다가 수명을 다하고 하늘나라에 가면, 그 누가 멋진 삶이 아니라고 감히 말할 수 있겠는가?

 부질없는 욕심과 과욕 그리고 노욕을 버리고, 불우한 이웃들과 도움을 필요로 하는 이들을 보살피고, 취미생활을 하면서 즐겁게 노년을 보내면, 정말로 멋있고 후회 없는 실버 시대를 보냈노라고 감히 말할 수 있다.

사람은 언젠가는 죽는다. 평범한 죽음은 후회가 많은 삶의 종말이지만, 무엇인가 후회가 안 되는 강렬한 죽음은 드높은 철리와 교훈을 남겨 준다. 후회가 안 되는 그러한 죽음은 결코 헛되지 않으며, 아름답고 값진 보석처럼 빛나는 섬광으로 길이 남는 것을 우리는 명심해야 한다.

우리의 인생은 태어나 영아기와 유아기를 부모님의 보호 아래 보낸 후, 청소년기를 오로지 공부와 입시에만 전념하며 보낸다. 그 후 젊은 시절인 청년기와 중·장년기에는 직장 일과 사업으로 눈코 뜰 사이 없이, 시간 가는 줄도 모르고 앞만 보며 살다가, 마침내 노년기인 실버 시대를 맞이한다. 그런 노년기를 흔히 인생의 황혼기, 시니어시프트, 혹은 실버 시대라고 말한다.

최근에 혹자는 인생은 60세부터라고 강변하기도 한다. 다시 말해 60세부터가 인생의 제2 도약기나 제2 황금기를 구가하는 시기라고 말하기도 한다. 그런가 하면 김달진 시인은, 인생 60대는 해마다 늙고, 인생 70대는 달마다 늙고, 인생 80대는 날마다 늙고, 인생 90대는 시간마다 늙고, 인간 100세는 분마다 늙는다고 힘주어 말했다.

또한 세월의 빠르기를 말할 때에, 10대는 기어가듯 하고, 20대는 걸어가듯 하고, 30대는 뛰어가듯 하고, 40대는 수레 타듯 하고, 50대는 말 타듯 하고, 60대는 날 듯한다는 우리의 옛 말이 있다. 그러기에 우리는 살면서 나이를 한 살 더 먹는 게 서럽고, 안타깝고, 가는 세월이 야속하지만, 그 누구도 가는 세월을 멈추거나 막을 수는 없다.

우리가 나이를 먹을수록, 나이가 들어갈수록 어떻게 처신하고 행동해야만 정말 후회 없이 온화하고, 멋있고, 행복하고, 보람찬 실버 시대를 보낼 수 있을까?

험하기 이를 데 없고 생존경쟁이 매우 치열한 오늘의 세파 속에서, 우리는 빈손으로 태어나서 빈손으로 돌아간다. 이것이 우리 삶의 전 과정이다. 어느 날 갑자기 소리 없이 훌쩍 떠날 때에는 부와 돈도, 권력도, 지위도, 명예도, 사랑도, 미움도 어느 것 하나 가져갈 수 없는 빈손인 것이 우리의 인생이다.

이 세상 떠날 때에는 동행해 줄 사람이 한 명도 없으니, 그동안 모아 놓은 재산이 있으면, 자식 생각일랑 조금도 하지 말고 그 돈으로 좋은 일 많이 하면서 자신을 위해 아낌없이 모두 다 쓰고 가시라고 말하고 싶다. 이것이 노년을 보람 있게, 행복하게, 그리고 현명하게 보내는 지름길이고 정답이다. 행여 사랑 때문에 가슴에 묻어 둔 아련한 추억과 아픔이 남아 있다면 미련 없이 다 떨쳐 버리자.

이 세상을 살면서, 우리 모두 "나는 당신이 있어서 참으로 행복합니다"라고 진심으로 얘기할 수 있는 인생의 동반자와 친구들을 만나 남은 인생을 건강하고, 즐겁고, 행복하게, 후회 없는 삶을 살다가 가야 한다.

　이 세상에서 영혼이 맑고, 인생의 반려자 같고, 희로애락을 같이 하고, 도움을 필요로 하는 이를 아끼며, 사랑과 관심을 갖고 잔잔한 따스함으로 함께하는 참되고 진실한 친구, 즉 금란지교, 관포지교, 지란지교와 같은 그런 친구가 단 한 명이라도 있는 사람은 정말로 행복한 사람이다. 이 세상에서 제일 행복한 사람은, 단 한 사람일지라도, 그로부터 사랑을 받는 그런 사람이다.

　이 세상에서 가장 행복한 삶은 모든 것을 긍정적으로 받아들이고 이해하며 살아가는 삶을 말한다.

　이 세상에서 가장 아름다운 사람은 뭐니 뭐니 해도 마음씨가 따뜻한 사람이고, 가장 부유한 사람은 가슴이 넉넉한 사람이고, 가장 착한 사람은 남을 먼저 생각하는 사람이고, 가장 필요한 사람은 사랑을 깨달은 사람이고, 가장 용기 있는 사람은 용서할 줄 아는 사람이며, 가장 훌륭한 사람은 위의 모든 것들을 제대로 행하고 실천하는 사람이다. 우리 모두 그렇게 되도록, 그렇게 살도록 노력하며 신나게 살자!

　이제 우리가 살면 얼마나 더 산다고 선과 정의와 공의를 무시하고, 노욕에 사로잡혀 야단법석을 떨고 요란스럽게 살아야겠는가? 이 세상의 모든 것은 우리를 진심으로 사랑하시는 공의의 하나님께 맡기고, 우리의 삶을 악의 없는 선의의 순리대로 이끌어, 여생을 건강하고, 행복하고, 즐겁게 그리고 후회 없이 살다가 가면 되는 것인데, 뭐가 그리 더 필요하단 말인가?

　오늘 우리가 걷지 못하면, 내일은 바쁘게 뛰어야 한다. 그러니 욕심과 과욕과 노욕을 조금씩 줄여 가며 유유자적하면서 하루하루를 즐기면서 살면 되는 거 아닌가?

　위에 나열한 것들은 우리가 노후에 후회 없는 삶을 영위하기 위해 필요한 귀한 것들이라고 감히 유추해 본다. 살아생전에 실천하고 후회 없이 살다가 이 세상을 떠나는 현명하고 멋진 실버들이 다 되시기를 기대해 본다.

"내일 일을 너희가 알지 못하는도다 너희 생명이 무엇이냐 너희는 잠깐 보이다가 없어지는 안개니라"(약 4:14).

"인생은 그날이 풀과 같으며 그 영화가 들의 꽃과 같도다"(시 103:15).

"그들은 지붕의 풀과 같을지어다 그것은 자라기 전에 마르는 것이라"(시 129:6).

"인생이 무엇이기에 그를 생각하시나이까 사람은 헛것 같고 그의 날은 지나가는 그림자 같으니이다"(시 144:3-4).

"우리의 연수가 칠십이요 강건하면 팔십이라도 그 연수의 자랑은 수고와 슬픔뿐이요 신속히 가니 우리가 날아가나이다"(시 90:10).

"그가 모태에서 벌거벗고 나왔은즉 그가 나온 대로 돌아가고 수고하여 얻은 것을 아무것도 자기 손에 가지고 가지 못하리니"(전 5:15).

"너희가 노년에 이르기까지 내가 그리하겠고 백발이 되기까지 내가 너희를 품을 것이라 내가 지었은즉 내가 업을 것이요 내가 품고 구하여 내리라"(사 46:4).

"무릇 자기를 높이는 자는 낮아지고 자기를 낮추는 자는 높아지리라"(눅 14:11, 마 23:12).

"범사에 감사하라"(살전 5:18).

"말이 많으면 허물을 면하기 어려우나 그 입술을 제어하는 자는 지혜가 있느니라"(잠 10:19).

"미움은 다툼을 일으켜도 사랑은 모든 허물을 가리느니라"(잠 10:12).

"네가 이 세대에서 부한 자들을 명하여 마음을 높이지 말고 정함이 없는 재물에 소망을 두지 말고 오직 우리에게 모든 것을 후히 주사 누리게 하시는 하나님께 두며 선을 행하고 선한 사업을 많이 하고 나누어주기를 좋아하며 너그러운 자가 되게 하라"(딤전 6:17-18).

"악에서 떠나 선을 행하고 화평을 구하며 그것을 따르라"(벧전 3:11).

"선한 양심을 가지라"(벧전 3:16).

남은 생을 보람 있게 보내려면

지금까지 살아온 나의 삶의 등 뒤에 얼마나 많은 시간들이 남아 있는지 알아볼 방법도 없을 뿐만 아니라, 찾아볼 수도 없다. 그리고 앞으로 남은 인생을 살아가면서 나 자신이 하고자 하여 이루어낼 것에 대해서도 알지도, 찾지도, 또한 볼 수도 없다. 이렇게 불확실한 남은 생을 보람차게 보내기 위해서 우리 실버들은 어떤 생각과 행동으로 살아가야 할 것인가에 대해 알아보기로 하자.

1. 실버 시대는 인생의 마지막 황금기다.
이 시기는 쇠퇴와 상실의 시기가 아니라 지혜와 경험이 축적돼 모든 것이 무르익어 완성되는 시기이므로, 이 기간을 가급적 값지게 보내라. 나이가 드는 것은 절대로 죄가 될 수 없다.

2. 기쁘고 즐거운 마음으로 하루를 시작하고 마감하라.

하루의 출발은 모든 일의 성과를 거두는 단초가 되므로, 기쁘고 즐거운 마음으로 하루의 일을 시작하라. 그런 마음가짐으로 일을 하면 좋은 결과를 얻게 된다. 그래야 여한이 없이 살게 된다.

3. 배움에는 끝이 없고, 정년이 없다.

나이를 많이 먹었으니까 배움을 내려놓고 그만두겠다고 하지 말고, 쉬지 말고 계속해서 배우도록 노력하라. 그래야 시대에 뒤지지 않고, 젊은이들과 소통하고 대화할 수 있다.

4. 좋은 친구와 자주 만나라.

옹달샘처럼 영혼이 맑고 영원히 변치 않는 돈독한 우정을 유지하기 위하여, 더 많이 안부를 전하고, 자주 만나 대화도 하고, 식사도 하며, 수다를 떨며 실컷 웃기도 하고, 애로 사항을 듣고 같이 고민하다 보면, 시간 가는 줄 모르고, 고독과 외로움이 찾아올 틈이 없다. 소외와 고독으로 인한 외로움은 암보다 훨씬 무섭다는 것을 깨달아야 한다.

5. 꼭 필요한 말만 하고, 불필요한 말은 되도록이면 하지 마라.

입은 닫을수록 좋고 지갑은 열수록 환영 받는다. 말은 자신의 인격과 품격을 나타낸다. 역지사지로 상대방의 말을 끝까지 진지하게 들어 주는 경청의 미덕을 쌓으면, 누구에게나 환영을 받는다.

6. 항상 비상금을 소지하고 다녀라.

지갑이 텅 비어 무일푼 신세가 되면 어디를 가나 푸대접을 받고 서러움을 느끼게 된다.

7. 나눔과 베풂을 실천하고, 봉사 활동을 많이 하라.

욕심과 과욕과 아집을 버리고 지금 맞이하고 있는 하루하루를 더 많이 베풀고 나누면서 즐겁고 행복하게 살도록 노력하라. 그리고 나의 도움과 손길을 필요로 하는 외롭고 소외된 이웃들을 위로하고, 격려하며, 돌보고, 보살피면서 수호천사처럼 행동하면 신나고 재미있게 살 수 있다. 이처럼 베풂과 봉사 생활을 계속하다 보면 자연히 덕을 쌓게 된다. 그렇게 되면 주위에 좋은 사람들이 모여들고, 하루하루를 알차고 값지게 보낼 수 있다.

8. 신앙생활을 열심히 하고, 남에게 사랑을 베푸는 삶을 살아라.

하나님의 말씀은 우리의 행복을 위해 준비된 하늘의 양식이다. 그 말씀의 꿀을 먹고 말씀대로 행하며 말씀대로 살면서, 신앙생활을 잘하다 보면 범사에 감사한 마음이 우러나오고, 항상 마음속에 기쁨과 행복이 충만할 것이다. 그리고 남에게 사랑을 베풀면 내 마음은 천사와 같은 마음이 되고, 너그럽고 인자한 마음으로 변한다. 미움과 섭섭함은 오간 데 없이 사라지고 어느새 마음속에 평화가 깃들게 된다.

9. 양서를 골라서 좋은 글을 많이 읽어라.

좋은 책 속에는 우리의 삶과 생활에 필요한 각종 지식과 지혜가 가득하다. 독서함으로써 행복 호르몬인 세로토닌의 분비를 촉진시키고, 두뇌 활동을 자극해서, 치매를 예방하는 데 도움을 준다. 독서를 많이 하면, 비록 몸은 쇠약해져 갈지라도 우리의 정신세계와 영혼은 맑아질 뿐만 아니라 오히려 젊어진다는 것을 명심하라.

10. 쓸데없이 내 주장과 고집만 내세우지 말고, 어지간하면 그러려니 하고 모든 것을 수용하라.

내 주장과 고집만 내세우면 옹고집쟁이로 낙인이 찍히고, 오해도 많이 받고, 호인으로 인정받지 못한다. 결국에 왕따를 당하고, 소외되고, 고독하고, 외롭고, 쓸쓸해져서 자기 명대로 살지 못하게 된다.

11. 마음을 곱게 쓰고, 착하게 살아라.

그래야만 웃을 때와 마찬가지로 우리 뇌의 전두엽에서 다이도르핀과 엔케팔린의 분비가 촉진되어 장수하게 됨을 기억하라.

12. 항상 몸을 청결하게 유지하라.

몸을 깨끗하고 청결하게 가꾸고 유지하기 위하여, 매일 목욕이나 샤워를 하고 날마다 속옷을 갈아입어라. 몸을 청결하게 유지해야 냄새도 안 나고 손자와 손녀들이 싫어하지 않는다.

13. 뭐니 뭐니 해도 건강이 제일이다.

평소 가벼운 운동을 꾸준히 하되, 체력을 단련시켜 주는 운동도 병행하라. 날마다 꾸준히 걷기와 자전거 타기 등 유산소 운동을 많이 하라. 더불어 하체 근육을 튼튼하게 강화시키기 위해 헬스클럽에 다니면서 체력 단련 운동도 꾸준히 하라. 그리고 매일 돈이 들지 않는 맨손 체조를 열심히 하라. 더불어 돈 안 드는 운동 중에 걷기만큼 좋은 운동은 없으므로, 틈만 나면 걷고 또 걸어라. 되도록 몸을 많이 움직여라. 고인 물은 썩기 마련이고, 흐르는 물은 절대로 썩지 않는다. 건강을 잃으면 모든 것을 잃는다는 평범한 진리를 기억해 두길 바란다.

14. 하루하루를 범사에 감사하며 살고, 항상 기쁨이 넘치는 생활 속에서 즐겁고 재미있게 살도록 노력하라.

하루 중에 즐겁고 행복했던 일들을 떠올려 보라. 그리고 하루를 마무리할 때에 감사해야 할 일 4~5개를 생각해 보라.

15. 규칙적인 식사를 하되, 최고의 건강식품인 콩, 멸치 그리고 마늘을 많이 먹어라.

그리고 비타민, 프로폴리스, 스피룰리나, 오메가3와 같은 건강 기능 식품도 잘 챙겨서 복용하도록 하라. 물처럼 좋은 보약은 이 세상에 없으니, 물을 많이 마셔라.

16. 자녀들에게 간섭하지 마라.

자녀들에게 이래라 저래라 참견과 간섭을 많이 하면, 부자지간에 서로 의만 상하게 된다는 것을 명심하라.

17. 낙천적인 성격을 갖도록 노력하라.

살면서 하루가 재미있고 즐거우면 열흘이 편안하다. 낙천적인 성격을 유지하면, 건강하고 행복한 생활을 하면서 장수할 수 있다.

18. 충분한 수면 시간과 휴식 시간을 갖도록 하라.

매일 충분히 잠을 자는 일, 즉 숙면은 건강에 제일 좋은 보약 중의 하나다. 수면에 비례해서 수명도 늘어난다. 휴식은 내일 일과 다음 일을 위해 꼭 필요한 준비 작업이며, 삶의 활력소 역할을 한다.

19. 취미생활을 열심히 잘하라.

전공 외에 부전공으로 수지침도 배워 보고, 사진 촬영이나 우표 수집이나, 기념주화 수집도 해 보고, 색소폰 같은 악기도 배워 보라. 그리고 식물을 가꾸어 보라. 이런 취미생활을 열심히 하면 자아 발견과 자기 개발을 잘할 수 있으며, 식물을 다루면서 자연과 더불어 살면 자연에 동화된 기분을 느끼고, 자연을 호흡하는 자연인이 된 것 같은 기분이 들 것이다. 그리되면 즐거움이 샘물처럼 솟아나고, 그로 인해 욕심과 고독함과 외로움은 사라지고, 매일매일의 삶이 즐겁고 행복해질 것이다. 그렇게 살면 고민할 시간이나 고독을 벗 삼을 시간이 별로 없기에 외로울 시간도 없다. 그래서 취미생활은 삶의 활력소로 불린다.

20. 작은 배려에도 감사의 말을 잊지 말고 표현하라.

그리고 주어진 매일매일을 즐겁게 보내라. 그렇게 지내면 실버 시대의 삶은 즐겁고, 행복하고, 보람찬 생활이 될 뿐만 아니라, 존경받는 멋지고 아름다운 삶이 될 것이다.

"너는 가서 기쁨으로 네 음식을 먹고 즐거운 마음으로 네 포도주를 마실지어다"(전 9:7).

"너그러운 사람에게는 은혜를 구하는 자가 많고 선물 주기를 좋아하는 자에게는 사람마다 친구가 되느니라"(잠 19:6).

"사람이 친구를 위하여 자기 목숨을 버리면 이보다 더 큰 사랑이 없나니"(요 15:13).

"선한 말은 꿀송이 같아서 마음에 달고 뼈에 양약이 되느니라"(잠 16:24).

"오직 나그네를 대접하며 선행을 좋아하며 신중하며 의로우며 거룩하며 절제하며"(딛 1:8).

"각각 은사를 받은 대로 하나님의 여러 가지 은혜를 맡은 선한 청지기같이 서로 봉사하라"(벧전 4:10).

"악에서 떠나 선을 행하라 그리하면 영원히 살리니"(시 37:27).

"악에서 떠나 선을 행하고 화평을 구하며 그것을 따르라"(벧전 3:11).

"주의 이름을 사랑하는 자들에게 베푸시던 대로 내게 돌이키사 내게 은혜를 베푸소서"(시 119:132).

"그러면 선을 이루기 위하여 악을 행하자 하지 않겠느냐 어떤 이들이 이렇게 비방하여 우리가 이런 말을 한다고 하니 그들은 정죄 받는 것이 마땅하니라"(롬 3:8).

"지혜를 버리지 말라 그가 너를 보호하리라 그를 사랑하라 그가 너를 지키리라"(잠 4:6).

"미움은 다툼을 일으켜도 사랑은 모든 허물을 가리느니라"(잠 10:12).

"거만한 자를 책망하지 말라 그가 너를 미워할까 두려우니라 지혜 있는 자를 책망하라 그가 너를 사랑하리라"(잠 9:8).

"지혜를 얻는 자는 자기의 영혼을 사랑하고 명철을 지키는 자는 복을 얻느니라"(잠 19:8).

"네게 구하는 자에게 주며 꾸고자 하는 자에게 거절하지 말라"(마 5:42).

"네 이웃을 네 자신같이 사랑하라"(마 22:39).

"너희 모든 일을 사랑으로 행하라"(고전 16:14).

"건강한 자에게는 의사가 쓸데없고 병든 자에게라야 쓸 데 있느니라"(마 9:12).

"범사에 감사하라 이것이 그리스도 예수 안에서 너희를 향하신 하나님의 뜻이니라"(살전 5:18).

"네가 누울 때에 두려워하지 아니하겠고 네가 누운즉 네 잠이 달리로다"(잠 3:24).

"내가 깨어보니 내 잠이 달았더라"(렘 31:26).

"할 수 있거든 너희로서는 모든 사람과 더불어 화목하라"(롬 12:18).

오늘의 삶과 인생을 즐기기 위하여

1. 아침에는 희망과 용기와 의욕을 가지고 하루를 힘차게 시작하라.

모든 일은 시작이 좋아야 끝도 좋은 법이다. 시작은 가급적 빨리 해야 한다. 매일매일 새로운 출발선에서 새로운 마음가짐으로 출발을 하되, 새로운 시작이 언제인가에 따라 한 사람의 운명이 좌우된다는 것을 알아야 한다.

2. 하나의 목표를 향하여 언제나 떳떳하고 정대하게 나아가라.

인생이란 하나의 목표를 달성하기 위하여, 그 성공을 향하여 끊임없이 도전과 행진을 하는 것이다. 그 목표를 향해 당당하게 걷는 자의 미래는 밝은 것이기에, 보람찬 삶을 영위하려면 주눅 들지 말고 떳떳하게 정진하라. 그리고 가슴을 펴고 당당하게 걸어가라.

3. 오늘 일은 절대로 내일로 미루지 말고 오늘 끝내도록 하라.

오늘 처리해야 할 일을 내일로 미루는 잘못된 습관은 자신의 비전과 희망을 송두리째 죽음의 길로 인도하는 병이므로, 결코 미루어서는 안 된다. 오늘 일은 오늘 하루뿐이며, 내일은 내일의 문제들이 우리를 기다리고 있기 때문이다.

4. 매일 시간을 정해 놓고 책을 읽는 습관을 길러라.

책 속에는 삶에 필요한 여러 가지 지식과 지혜의 길이 있다. 하루에 최소한 30분 이상 꼭 독서를 할 수 있도록 자신의 독서 시간을 정해 놓고, 지식과 지혜가 가득한 책을 읽고 소화시키도록 노력하라. 독서를 하면 행복 호르몬인 세로토닌의 분비가 왕성해져 두뇌의 활동을 자극하므로, 뇌세포의 활성화와 치매를 예방하는 데 도움을 준다. 생존 경쟁이 치열한 이 세상에서 살아남기 위해서는 반드시 좋은 책을 많이 읽어야 한다는 것을 명심하고 실천하라.

5. 많이 웃어라. 그리고 많이 웃는 훈련을 반복하라.

'소문만복래'라는 고사성어가 있다. 웃는 집 대문으로는 온갖 복이 들어온다는 말이다. 다시 말해 웃으면 복이 찾아올 뿐만 아니라 덩굴째 굴러 들어온다는 말이다. 웃으면 우리에게 복이 찾아오니, 많이 웃고 늘 웃는 낯으로 대하고 칭찬을 많이 하라. 자기 자신을 돋보이게 하는 지름길이 웃음이다. 웃다 보면 즐거워지고, 즐거워지면 일이 술술 잘 풀린다. 일이 잘 풀려서 웃다 보면 자신도 모르게 행복 호르몬인 엔도르핀과 엔케팔린의 분비가 촉진되어서 우리 자신의 행동과 생각이 긍정적인 마인드로 바뀐다. 따라서 되도록이면 많이 웃어라. 그러면 웃을 일이 더 많이 생긴다.

6. 말도 골라서 하라.

말은 표현의 방법에 따라 행복 전도사나 축복의 통로가 될 수도 있고, 악의 화신이나 악마로도 바뀔 수도 있다. 해야 할 말과 해서는 안 되는 말을 분간하는 분별력을 배우고 익히어, 가급적 상대방을 즐겁고 기쁘게 해주는 말과 용기와 격려와 힘이 되는 말을 많이 하도록 연습을 하라. 긍정적인 말을 많이 하고, 되도록 부정적인 말은 삼가는 게 피차 좋다.

말에는 메아리의 법칙이 작용하다는 것을 기억하고, 내가 내뱉은 말은 나와 내 주위 사람들에게 가장 많이 영향을 미친다는 것을 항상 명심해야 한다. 우리가 살면서 "밥과 반찬만 골라 먹지 말고 말도 골라서 하는" 지혜롭고 현명한 사람이 되도록 많은 노력을 해야 한다. 우리 모두 좋은 말로 복과 행복 바이러스(해피 바이러스)를 전하는 행복 전도사가 되길 기대해 본다.

7. 하루에 한 가지씩 좋은(선한) 일을 하도록 노력하라.

하루에 크건 작건 좋은 일을 하자. 그것은 우리의 삶을 풍족하게 할 뿐만 아니라 빛나게도 한다. 이는 사람답게 사는 길이기도 하다. 좋은 일을 하는 사람의 얼굴은 아름답게 빛난다. 이는 마음속에 행복감과 즐거움이 가득 차기 때문이다.

8. 자신의 마음 문을 활짝 열어 놓아라.

마음을 비우고 굳게 닫힌 마음 문을 활짝 열면 행복이 찾아 들어온다. 자신의 마음 문을 먼저 활짝 열고 상대를 대하면, 너와 내가 아니라 우리 모두 하나가 되어 기쁨이 가득한 세상을 정말로 만들게 된다는 것을 알아야 한다. 어떤 고난이 닥쳐도 마음 문을 열고 꾸준히 밀고 나가면 모든 문제들이 쉽게 해결될 것이다.

9. 뭐니 뭐니 해도 건강이 최고의 자산이므로 운동을 열심히 하라.

운동을 꾸준히 하여 건강한 생활을 영위하라. 운동은 심신의 단련뿐만 아니라, 생활의 에너지와 엔도르핀을 많이 생산하여 삶의 활력이 솟아나고 넘치게 해준다.

10. 욕심과 아집을 버리고, 나눔과 베풂과 봉사 활동을 많이 하라.

나의 도움과 손길을 필요로 하는, 외롭고 소외되고 쓸쓸한 불우이웃들을 따뜻한 마음으로 위로하고, 격려하고, 돌보도록 하라. 아울러 하루하루 그들이 필요로 하는 것들을 채워 주기 위해 더 많이 베풀고, 더 많이 나누면서, 행복하고 즐겁고 기쁘게 살도록 노력하는 것이 참으로 중요하다.

"그러므로 내 마음이 기뻐하였고 내 혀도 즐거워하였으며 육체도 희망에 거하리니"(행 2:26).

"웃음을 네 입에, 즐거운 소리를 네 입술에 채우시리니"(욥 8:21).

"그때에 우리 입에는 웃음이 가득하고 우리 혀에는 찬양이 찼었도다"(시 126:2).

"웃을 때에도 마음에 슬픔이 있고 즐거움의 끝에도 근심이 있느니라"(잠 14:13).

"내 입은 지혜를 말하겠고 내 마음은 명철을 작은 소리로 읊조리리로다"(시 49:3).

"나의 반석이시요 나의 구속자이신 여호와여 내 입의 말과 마음의 묵상이 주님 앞에 열납되기를 원하나이다"(시 19:14).

"다스리는 자들은 선한 일에 대하여 두려움이 되지 않고 악한 일에 대하여 되나니 네가 권세를 두려워하지 아니하려느냐 선을 행하라 그리하면 그에게 칭찬을 받으리라"(롬 13:3).

"그것은 얻는 자에게 생명이 되며 그의 온 육체의 건강이 됨이니라"(잠 4:22).

"건강한 자에게는 의사가 쓸데없고 병든 자에게라야 쓸 데 있느니라"(마 9:12).

"각각 은사를 받은 대로 하나님의 여러 가지 은혜를 맡은 선한 청지기같이 서로 봉사하라"(벧전 4:10).

"이는 성도를 온전하게 하여 봉사의 일을 하게 하며 그리스도의 몸을 세우려 하심이라"(엡 4:12).

"너희는 유혹의 욕심을 따라 썩어져 가는 구습을 따르는 옛 사람을 벗어 버리고"(엡 4:22).

실버 시대를 행복하게
잘 지내기 위해 갖춰야 할 10가지

1. 많이 웃어라.

　우리 인간 뇌의 전두엽에서는 한 번 크게 웃을 때마다 행복 호르몬 중에서도 가장 좋은 엔케팔린과 다이도르핀이 많이 분비된다. 이 호르몬들은 모르핀보다 200~300배 더 강한 진통 및 통증 억제 효과가 있다. 웃음은 분노와 긴장의 해독제이며, 염려와 근심과 걱정의 치료제이고, 스트레스를 해독시켜 주는 최고의 수단이며, 우리 몸과 마음을 진정시켜 주고 치유하기도 하므로 만병통치약으로 불린다. 이런 웃음은 부작용이 전혀 없는 돈 한 푼 들지 않는 최고의 명약이다.

　웃음은 자기를 돋보이게 하는 지름길이기도 하다. 늘 웃는 낯으로 사람을 대하고 칭찬을 많이 하면, 나 자신도 행복감에 젖어들게 된다. 웃다 보면 즐거워지고, 즐거워지면 모든 일이 술술 잘 풀린다. 일이 잘 풀려서 웃다 보면 자신도 모르게 행복 호르몬의 분비가 촉진되고 많이 생산되어, 마음이 평온해지고 행복감에 빠져든다. 그래서 자기 자신의 행동과 생각이 긍정적인 마인드로 바뀌게 된다. 그러므로 되도록이면 많이 웃어라. 많이 웃으면 웃을 일이 더 많이 생기는 법이다.

2. 뭐니 뭐니 해도 건강이 최고의 재산이다.

건강을 챙기되 건강 관리와 유지에도 더욱 힘써야 한다. 매일 운동을 열심히 꾸준히 하되, 많이 움직이고 많이 걸어라. 운동을 열심히 해서 건강을 챙길 뿐만 아니라, 최상의 컨디션과 즐겁고 복된 삶을 영위하도록 노력하라. 운동은 심신의 단련뿐만 아니라 생활의 에너지와 행복 호르몬인 엔도르핀을 많이 생산하여 삶의 활력이 넘치도록 솟아나게 해준다.

3. 하루하루를 범사에 감사하며 살아라. 그리고 남의 말을 많이 듣고, 조금만 말하라.

매사에 감사하며 항상 기쁨과 즐거움이 넘치는 생활 속에서, 신나고 재미있게 생활하도록 노력하라. 늘 긍정적인 생각을 갖고, 상대방을 너그럽고 인자한 모습으로 대하라. 그리하면 감사가 차고 넘치며 행복감이 덩굴째 굴러 들어온다. 입은 닫을수록 좋고 지갑은 열수록 환영을 받는다. 평상시에 대화할 때에 되도록이면 상대방의 말을 끝까지 진지하게 들어 주어 경청의 미덕을 쌓아 가라.

4. 나눔과 베풂을 실천하고, 봉사 활동을 많이 하며 살아라.

나누며 베풀수록 마음이 넉넉해지고, 뿌듯함을 느끼고, 기쁨이 충만하고, 마음이 윤택해지게 된다. 봉사는 하면 할수록 심신이 유쾌해지고, 뿌듯함을 느끼고, 마음이 부유해지고, 기쁨이 샘솟고, 보람을 느끼게 된다. 봉사를 많이 하면 할수록 행복이 묻어나고, 마음속에 여유와 즐거움이 샘솟는 것을 기억하라.

5. 가능한 한 일을 놓지 마라.

일을 하면 그 속에서 생기가 넘치고, 적극성과 삶의 활력이 솟아나 매사에 긍정적인 마음과 생각을 갖게 된다. 긍정적인 마인드를 가지면 자신을 더 귀히 여기고, 사랑하게 되어 생명의 중요성과 경외감이 솟아나서 미움, 시기, 질투, 증오 같은 부정적인 마인드는 저 멀리 도망가고, 그 자리에 9가지 성령의 열매(갈 5:22-23)가 주렁주렁 열린다. 우리가 성령으로 예수의 마음을 품고 살면 우리의 마음이 예수 그리스도의 마음이 되어서, 더욱 사랑하고, 더욱 낮아지고, 겸손해진다. 겸손이 몸에 배면 항상 미소가 생기고, 이로 인해 행복이 찾아온다.

하지만 해야 할 일이 없으면 나태해지고 활동력이 저하되어 의욕이 상실되고, 긍정적인 생각은 온데간데없이 사라진다. 오히려 부정적인 생각들이 마음속에 채워져서 시기와 질투와 증오심이 많아지고, 교만해지며, 행복감이 줄어들고, 매사에 자신감과 적극성을 잃게 됨을 명심해야 한다.

6. 자녀들에게 이래라 저래라 간섭하지 마라. 그리고 어떤 일이 있어도 자녀들에게 기대거나 의존하지 마라.

부모가 노파심에서 하게 되는 간섭이나 참견을 좋아하는 자식은 이 세상에 한 명도 없다는 것을 분명히 기억하라. 자식은 품안의 자식이라는 것을 똑바로 인식하고, 품안의 자녀들이 장성하여 결혼하면 부모를 도와드리고 싶은 마음은 굴뚝같아도 자기 살기가 빠듯하고 힘들어서 부모님을 돌볼 여유나 틈이 없다는 것을 알아야 한다.

7. 배움에는 한도 끝도 없고, 정년도 없다.

이제 나이를 많이 먹었으니까 배우는 일을 그만두겠다고 하지 말고, 계속해서 배움에 정진하고 매진하라. 그래야만 시대에 뒤지지 않고 젊은이들과 대화해도 소통이 잘 이루어진다.

8. 잠자는 시간(수면 시간)과 휴식 시간을 충분히 가져라.

매일 충분히 잠을 자는 일, 즉 숙면은 건강에 제일 좋은 보약 중의 하나다. 수면에 비례해서 인간의 수명도 늘어난다. 휴식은 다음 일과 내일 일을 위해 꼭 필요한 준비 작업인 동시에, 삶의 활력소 역할을 한다.

9. 기쁜 마음과 즐거운 마음으로 신앙생활을 하라.

신앙생활을 잘하면서, 괜한 시샘이나 고집은 부리지 말고, 남에게 사랑을 듬뿍 베풀며 살아라. 주님의 말씀은 우리의 행복을 위해 준비된 하늘의 양식이다. 그 말씀의 꿀을 먹고, 그 말씀대로 행하고 그 말씀대로 살면서 신앙생활을 하면, 범사에 감사한 마음이 우러나고, 항상 마음속에 기쁨과 행복이 충만해진다. 남을 시기, 질투, 시샘하지 말고, 자기 주장만 옳다고 우기며 고집부리지도 말고, 그러려니 하고 양보하면서 좀 모자란 듯이 행동하라. 그렇게 하면 미운 마음과 섭섭한 마음은 오뉴월 눈 녹듯이 사라지고 어느새 내 마음속에 평화가 깃들어, 인자하고 너그러운 마음으로 바뀌게 된다. 그리되면 좋은 사람 즉 호인으로 대접을 받는다는 것을 명심하라.

10. 매일 목욕이나 샤워를 하라.

　몸을 청결하게 유지하기 위해 날마다 목욕이나 샤워를 꼭 하고, 속옷을 갈아입어라. 그래야 몸에서 냄새도 나지 않고, 손자와 손녀들도 좋아하게 된다. 필요하면 가끔 향수도 뿌려 보라.

"웃음을 네 입에, 즐거운 소리를 네 입술에 채우시리니"(욥 8:21).

"사랑하는 자여 네 영혼이 잘됨같이 네가 범사에 잘되고 강건하기를 내가 간구하노라"(요삼 1:2).

"범사에 감사하라"(살전 5:18).

"그러므로 생명을 사랑하고 좋은 날 보기를 원하는 자는 혀를 금하여 악한 말을 그치며 그 입술로 거짓을 말하지 말고 악에서 떠나 선을 행하고 화평을 구하며 그것을 따르라"(벧전 3:10-11).

"우리 각 사람이 이웃을 기쁘게 하되 선을 이루고 덕을 세우도록 할지니라"(롬 15:2).

"이는 성도를 온전하게 하여 봉사의 일을 하게 하며 그리스도의 몸을 세우려 하심이라"(엡 4:12).

"선을 행하고 선한 사업을 많이 하고 나누어주기를 좋아하며 너그러운 자가 되게 하라"(딤전 6:18).

"각각 은사를 받은 대로 하나님의 여러 가지 은혜를 맡은 선한 청지기같이 서로 봉사하라"(벧전 4:10).

"항상 기뻐하라"(살전 5:16).

"입과 혀를 지키는 자는 자기의 영혼을 환난에서 보전하느니라"(잠 21:23).

"무릇 더러운 말은 너희 입밖에도 내지 말고 오직 덕을 세우는 데 소용되는 대로 선한 말을 하여 듣는 자들에게 은혜를 끼치게 하라"(엡 4:29).

"선한 사람은 그 쌓은 선에서 선한 것을 내고 악한 사람은 그 쌓은 악에서 악한 것을 내느니라"(마 12:35).

"적게 심는 자는 적게 거두고 많이 심는 자는 많이 거둔다"(고후 9:6).

"내가 깨어 보니 내 잠이 달았더라"(렘 31:26).

"네가 희망이 있으므로 안전할 것이며 두루 살펴보고 평안히 쉬리라"(욥 11:8).

"그가 나를 푸른 풀밭에 누이시며 쉴 만한 물가로 인도하시는도다"(시 23:2).

"수고하고 무거운 짐 진 자들아 다 내게로 오라 내가 너희를 쉬게 하리라"(마 11: 28).

내가 먼저

1. 좋은 친구를 찾지만 말고, 내가 먼저 좋은 친구가 되자.
2. 좋은 사람을 찾지만 말고, 내가 먼저 좋은 사람이 되자.
3. 좋은 조건을 찾지만 말고, 내가 먼저 좋은 조건을 갖춘 사람이 되자.
4. 좋은 하루가 되길 바라지만 말고, 좋은 하루를 만들도록 노력하라.
5. 행복해지기를 바라지만 말고, 행복 바이러스를 전파하는 행복 전도사가 되도록 노력하라.
6. 기쁨과 즐거움을 찾는 자가 되지 말고, 기쁨과 즐거움을 전하는 그런 사람이 되라.
7. 배려를 받는 자가 되지 말고, 배려를 많이 베푸는 아량과 도량이 넓은 선한 사람이 되라.
8. 좋은 이웃을 찾기 전에, 내가 먼저 좋은 이웃이 되도록 노력을 하라.
9. 좋은 인상을 요구하기 전에, 내가 먼저 좋은 인상을 심어 주

도록 노력하라.
10. 좋은 말을 듣기 전에, 내가 먼저 좋은 말을 하도록 노력하라.
11. 좋은 물을 찾기 전에, 좋은 물을 만들도록 노력하라.
12. 좋은 책을 읽기 전에, 좋은 책 즉 양서부터 찾아보라.
13. 꿈을 이루기 전에, 마음속에 큰 꿈을 그려보고 그 꿈을 마음껏 키워라.
14. 좋은 양심을 가진 자를 찾기 전에, 나부터 좋은 양심을 소유하고 실천하면서, 좋은 양심을 보여 주자.
15. 상대방이 겸손한 사람이기를 원하기 전에, 내가 먼저 겸손한 사람이 되어 보자.

조금만 더 열린 생각과 열린 마음으로 '내가 먼저'를 실행하여 나부터 평화로워지면 이웃과 주변도 더불어 평화로워질 수 있다고 생각한다. 즉 회개와 참회도 내가 먼저, 용서와 관용도 내가 먼저, 감사도 내가 먼저, 봉사도 내가 먼저, 베풂과 나눔도 내가 먼저, 겸손함도 내가 먼저, 인사나 안부도 내가 먼저, 격려와 위로도 내가 먼저, 따뜻한 마음 전달도 내가 먼저, 내려놓음도 내가 먼저, 비움도 내가 먼저 등등.
  이런 행동들을 남보다 내가 먼저 실천하면, 마음속에 싹텄던 부정적인 생각과 감정들은 사라지고, 이 세상 누가 뭐라 하든지 화평이 찾아와서 따뜻하고 정이 넘치며 아주 살기 좋은, 지상낙원과 같은 그런 세상으로 탈바꿈하리라고 확신한다.

"기름과 향이 사람의 마음을 즐겁게 하나니 친구의 충성된 권고가 이와 같이 아름다우니라"(잠 27:9).

"여호와께서 주시는 복은 사람을 부하게 하고 근심을 겸하여 주지 아니하시느니라"(잠 10:22).

"내가 반드시 너에게 복 주고 복 주며 너를 번성하게 하고 번성하게 하리라"(히 6:14).

"너희 하나님 여호와께서 너희에게 명령하신 모든 도를 행하라 그리하면 너희가 살 것이요 복이 너희에게 있을 것이며 너희가 차지한 땅에서 너희의 날이 길리라"(신 5:33).

"사람은 그 입의 대답으로 말미암아 기쁨을 얻나니 때에 맞는 말이 얼마나 아름다운고"(잠 15:23).

"선한 사람은 그 쌓은 선에서 선한 것을 내고 악한 사람은 그 쌓은 악에서 악한 것을 내느니라"(마 12:35).

"그러므로 나는 사람이 자기 일에 즐거워하는 것보다 더 나은 것이 없음을 보았나니 이는 그것이 그의 몫이기 때문이라"(전 3:22).

"그의 혀로 남을 허물하지 아니하고 그의 이웃에게 악을 행하지 아니하며 그의 이웃을 비방하지 아니하며"(시 15:3).

"이웃을 업신여기는 자는 죄를 범하는 자요 빈곤한 자를 불쌍히 여기는 자는 복이 있는 자니라"(잠 14:21).

"말이 많으면 허물을 면하기 어려우나 그 입술을 제어하는 자는 지혜가 있느니라"(잠 10: 19).

"교만은 패망의 선봉이요 거만한 마음은 넘어짐의 앞잡이니라"(잠 16:18).

"믿음과 착한 양심을 가지라 어떤 이들은 이 양심을 버렸고 그 믿음에 관하여는 파선하였느니라"(딤전 1:19).

"내게 능력 주시는 자 안에서 내가 모든 것을 할 수 있느니라"(빌 4:13).

황혼의 노을 앞에서
느끼는 인생 노트

우리의 삶이 대단하고 인생이 긴 것 같아도, 살아보니까 결코 생각만큼 대단한 것도 아니며, 긴 것처럼 느꼈지만 이제 와서 돌아보니 절대로 긴 것이 아니었음을 생각하게 됩니다.

내가 팔팔하던 그 시절에는 시간도 더디 가고, 세월이 한없이 느리게만 가는 것같이 느껴졌습니다. 살아가면서 인생의 반환점을 돌고 봤더니, 다가왔다가 순식간에 가 버리는 그 시간과 세월이 너무 빨라서 마치 급행열차를 탄 듯 지나갔습니다. 황혼의 노을 앞에선 지금 이 시점, 미래를 향한 나의 타임머신은 마치 초음속 비행기를 탄 듯 빠르게 빠르게 지나가고 있습니다.

월하 김달진 시인은 세월의 빠르기를 말하면서, 인생 60대는 해마다 늙고, 인생 70대는 달마다 늙고, 인생 80대는 날마다 늙고, 인생 90대는 시간마다 늙고, 인간 100세는 분마다 늙는다고 말했습니다.

목적지를 향해 힘차게 올라갈 때에는 끝없이 멀게만 느껴지던 그 길이, 정작 내려올 때에는 너무나 빠르게 느껴지는 지름길이 된다는 것을 이제야 알게 되었습니다. 이것이 바로 우리가 황혼의 노을 앞에서 느끼는 세월의 시계이자 삶의 달력이라고 생각합니다.

오로지 앞만 바라보고 한눈팔지 않고 아등바등 살면서, 그동안 죽도록 일벌처럼 일만 하고, 멋지게 쓰거나 폼 나게 입거나 한 번도 당당하게 제대로 써 보지 못하고 죽음을 맞이하는 그런 세대들이, 지금 우리 실버 세대라고 해도 과언이 아닐 것입니다.

힘들고 고달픈 삶을 살면서, 위로는 부모님을 보살펴 드리고 아래로는 있는 힘을 다해 자식에게 전부를 걸고, 그것도 모자라 손자까지 가슴에 안고 어깨 위에 매달아 올려 온몸이 부서질 것 같은 때에도 나는 괜찮다고 스스로를 달래며 위로하는 그런 세대가 우리 실버 세대라고 생각합니다.

우리 인생이 별것 아닌 양, 그까짓 것 정말로 별것도 아니고,

삶 그 자체가 정말로 대단한 것도 아니고, 길기만 할 것 같던 그 인생이 이제와 생각해 보니 절대로 긴 것이 아니었습니다.

시간과 세월의 흐름 속에 우리는 어느새 황혼의 노을 앞에 서 있습니다. 자기가 일한 만큼 편안하게 살 수도 있어야 하며, 벌어들인 수입만큼 당당하고 멋지게 쓸 수도 있어야 합니다. 하오나 우리 주위에는 조금 있다가, 조금만 기다렸다가, 나중에 나중으로 미루다가 결국엔 한 푼도 쓰지 못하고 인생을 마치는 사람들이 허다합니다. 이처럼 매우 어리석고 바보 같은 행동은 절대로 하지 말고, 해서도 안 됩니다.

그러기에 이제부터라도 우리가 남은 삶을 후회 없이, 그야말로 멋지고 즐겁고 행복하고 값지게, 황혼의 노을인 실버 시대를 알차고 보람 있게 보내는 것이야말로 참된 길이 아닌가 하고 유추해 봅니다.

"외인에게 대해서는 지혜로 행하여 세월을 아끼라"(골 4:5).

"너희가 어떻게 행할지를 자세히 주의하여 지혜 없는 자같이 하지 말고 오직 지혜 있는 자같이 하여 세월을 아끼라 때가 악하니라"(엡 5:15-16).

"내일 일을 너희가 알지 못하는도다 너희 생명이 무엇이냐 너희는 잠깐 보이다가 없어지는 안개니라"(약 4:14).

"인생은 그날이 풀과 같으며 그 영화가 들의 꽃과 같도다"(시 103:15).

"사람은 헛것 같고 그의 날은 지나가는 그림자 같으니이다"(시 144:4).

"우리의 연수가 칠십이요 강건하면 팔십이라도 그 연수의 자랑은 수고와 슬픔뿐이요 신속히 가니 우리가 날아가나이다"(시 90:10).

"그가 모태에서 벌거벗고 나왔은즉 그가 나온 대로 돌아가고 수고하여 얻은 것을 아무것도 자기 손에 가지고 가지 못하리니"(전 5:15).

"너희가 노년에 이르기까지 내가 그리하겠고 백발이 되기까지 내가 너희를 품을 것이라 내가 지었은즉 내가 업을 것이요 내가 품고 구하여 내리라"(사 46:4).

실버 시대를 지혜롭고 알차게 보내기 위한 생활 수칙

 그 누구도 잡을 수 없고, 막을 수 없는 것이 가는 세월입니다. 우리는 시간과 세월의 흐름 속에 나이를 먹게 됩니다. 나이를 먹을수록, 나이가 들어 갈수록 어떻게 행동하고 처신을 해야만 멋지고, 신나고, 행복하고, 아름답고, 값지고, 보람찬 실버 시대를 보낼 수 있을까요?

1. 매사에 긍정적인 마인드와 생각을 갖고 하루 일과를 시작하고 마감하라.

 그렇게 살면 즐겁고 행복한 가운데 하루가 지나가고, 여한이 없는 하루를 보내게 된다. 긍정적인 생각 속에 늘 꿈을 꾸고 사랑하며 감흥과 희망을 가지고 살면, 나이를 먹어도 청춘이다. 긍정적인 생활을 계속하면 마음이 관대해지고, 너그럽고, 인자한 모습을 갖게 된다.

2. 많이 웃고, 칭찬을 많이 하라.

항상 밝고 상냥한 미소를 머금고, 기분 좋은 얼굴에 즐겁고 편안한 마음을 가지려고 부단히 노력하라. 레드 뉴먼은 "칭찬은 귀로 먹는 보약과 같다"고 말했고, 동물과도 소통하게 하는 강력한 도구가 칭찬이라고 강조한 켄 블랜차드는 "칭찬은 고래도 춤추게 한다"고 말했다. 웃음은 엔도르핀과 엔케팔린과 같은 쾌감 호르몬과 행복 호르몬의 분비를 촉진시키므로, 웃음만큼 좋은 보약은 없다. 웃음은 만병통치약일 뿐만 아니라 젊음과 활력을 되찾게 해주는 신비의 묘약이다.

3. 매일 목욕이나 샤워를 하라.

매일 목욕이나 샤워를 하여 몸을 깨끗하게, 청결하게 유지하고, 매일 속옷을 갈아입어라. 그래야만 몸에서 냄새도 나지 않고, 손자손녀도 좋아한다.

4. 충분히 잠을 자라.

잠은 피로를 회복시켜 주는 피로회복제이며, 활기를 불어넣는 매개체이므로 잠이 보약이다. 수면에 비례해서 인간의 수명도 늘어난다.

5. 운동을 열심히 하라.

뭐니 뭐니 해도 건강이 제일이다. 건강을 잃으면 모든 것을 잃게 된다. 걷기와 자전거 타기 등 유산소 운동을 많이 하라. 매일 맨손 체조도 하라. 이는 돈이 안 드는 최고의 건강 비법이다. 그리고 쉬지 말고 몸을 부지런히 움직이도록 하라. 흐르는 물은 절대로 썩지 않는다. 몸을 많이 움직이면 관절이 부드러워져 유연성을 갖게 된다. 매일 운동을 열심히 그리고 꾸준히 하여, 항상 최상의 컨디션과 건강한 삶을 유지하라. 운동은 심신의 단련뿐만 아니라 생활의 에너지와 쾌감 호르몬인 엔도르핀을 많이 생산하여 삶의 활력이 솟아나고 기력이 샘솟게 된다.

6. 범사에 감사한 마음으로 살아라.

작은 일에 크게 기뻐하고, 하루하루 매사에 감사한 마음으로 살면, 행복감이 찾아오고, 즐거움이 항상 마음속에 깃든다. 작은 배려에도 감사의 표현을 잊지 마라. 그래야만 존경을 받게 된다는 것을 명심하라. 하루 중에 좋았던 일과 시간을 떠올려 보라. 그리고 하루를 마무리할 때에 감사해야 할 일 5가지를 생각해 보고 취침하도록 하라. 그리하면 행복 호르몬이 취침 시간에도 많이 분비되어 다음날에도 행복하고 질병이 찾아오지 않는다.

7. 종교생활을 하라.

신앙생활을 하면 삶의 질과 내용이 달라진다. 성경에 기록된 하나님의 말씀을 사모하고 묵상하라. 그 말씀은 우리의 행복을 위해 예비되고 준비된 하늘의 양식이다. 그 말씀의 꿀을 먹고 말씀대로 행하며, 말씀대로 사는 것이 우리의 참된 행복이다.

8. 편식을 하지 말고 골고루 먹어라. 그리고 물을 하루에 2리터 이상 많이 마셔라.

편식을 하면 영양분을 골고루 섭취하지 못하게 된다. 그러면 영양 결핍증뿐만 아니라 비타민 결핍증에 걸리기 쉽다. 그리고 콩과 멸치와 마늘을 많이 먹어라. 이들은 최고의 건강식품이다. 또 이 세상에서 물처럼 좋은 보약은 없다는 것을 꼭 기억하라.

9. 욕심과 아집인 내 생각만 옳다고 고집하지 말고, 마음을 비우고 살자.

욕심을 버리면 겸손해지고, 마음을 비우면 세상이 밝게 보인다. 마음은 자기 정체성을 담는 그릇이며, 우주로 통하는 창문이다. 마음을 비우고 긍정적인 마인드와 열린 마음으로 생활을 하면 욕심은 저절로 사라진다. 괜한 욕심을 부리면, 남이 보기에도 별로 좋지 않아 보인다. 욕심을 버리고 나눔과 베풂의 삶을 즐겨라. 그리하면 내 마음도 풍성하고 풍요롭게 채워진다. 일상생활 속에서 자기 주장이 강하고, 고집이 너무 센 사람은 모두가 싫어한다는 것을 똑똑히 기억하라.

10. TV 시청 시간을 반으로 줄이고, 그 시간에 독서를 많이 하라.

책 속에는 삶과 생활에 필요한 각종 지식과 지혜가 가득하다. 독서를 함으로써 행복 호르몬인 세로토닌의 분비가 촉진되고, 두뇌 활동을 자극해서 치매를 예방하는 데 큰 도움이 된다. 배움에는 정년도 없고 은퇴도 없다. 독서를 많이 하면 몸은 비록 쇠약해져 갈지라도 우리의 영혼은 맑아질 뿐만 아니라 오히려 젊어지게 된다.

11. 여행을 즐겨라.

누구하고 여행을 하든지 여행 자체를 마음껏 즐겨라. 낯선 땅에서 낯선 사람들과 낯선 음식을 먹는 것은 언제나 신선한 느낌으로 다가오기 때문에 여행만큼 생활에 활력을 주는 것도 없다. 그래서 노년의 무미건조한 생활에 변화를 줄 수 있는 여행은 많이 할수록 좋다. 또한 여행을 많이 하면, 폭 넓은 세계를 접함으로써 견문을 넓힐 수 있고, 그곳에서 멋진 장면을 화면에 담아 멋있는 추억의 앨범을 만들 수 있다. 그래서 여행하는 기간 동안 하루하루가 정말로 즐거움의 연속이 된다.

12. 정보화시대(인터넷 시대)에 사는 만큼 컴퓨터와 친구가 되라.

배움에는 정년이 없으니, 쉬지 말고 계속해서 배움에 정진하라. 정보의 홍수 시대에 살고 있는 우리니, 컴퓨터에서 새로운 지식을 많이 접하여 배우고, 그곳에서 새로운 경험을 많이 하게 될 것으로 사료된다. 새 세상에 온 듯한 착각을 느낄 수도 있다.

13. 문화생활을 즐겨라.

시간을 쪼개어 음악 감상, 영화 감상, 연극 감상을 하라. 그 즐거움이 만만치 않을 것이다.

14. 좋은 친구와 자주 만나라.

친구와 식사를 하면서 이런 저런 대소사 얘기를 주고받으며 껄껄대고 웃다 보면, 쌓인 스트레스도 달아나고, 그 사이에 엔도르핀과 다이도르핀이 축적되어 건강에도 좋고, 행복감을 느끼게 되어 행복지수도 올라가게 된다. 고독과 외로움은 때때로 암보다도 더 무서운 존재로 돌변할 수 있으니, 친구들과 자주 만나 대화하면서 많이 웃어라.

15. 건강이 허락하는 한, 평생 현역으로 살아라.

일자리를 놓게 되면, 즉 현역에서 물러나 은퇴하면, 출퇴근 시간이 없어져서 게으름을 피우게 되고, 머리 회전이 잘되지 않을 뿐만 아니라, 정신적·신체적으로 노화 현상이 급격하게 빨리 찾아오기 마련이다. 또한 대화의 상대가 주로 가족이다 보니 별로 말할 기회도 없게 되고, 그 사이에 소외감이나 고독감이 찾아오기 십상이다.

16. 말도 골라서 하되, 되도록 좋은 말을 하라.

사람은 일상생활에서 하루에 최소한 4~5만 마디의 말을 하면서 살아가고 있다. 그 말에도 긍정적인 말과 부정적인 말이 있다. 긍정적인 말은 복을 불러오는 말이고, 생명이 있는 살아 있는 말이다. 하지만 부정적인 말은 복을 쫓아내고 털어내는 말이며, 생명이 없는 죽은 말이다. 세 치의 혀와 입에서 나오는 그 말 한마디가 독설과 저주의 말이 되어 사람을 죽일 수도 있으므로, 항상 말을 할 때에 조심해서 좋은 말을 하도록 노력해야 한다. 말은 자신의 품위와 인격을 나타내기 때문이다.

17. 덕을 쌓으며 살고, 베풀며 살아라.

나누면서 베풀고 살면, 좋은 사람으로 평가를 받는다. 우리가 살면 얼마나 산다고, 제발 자린고비처럼, 구두쇠나 짠돌이처럼 살지 말고, 후하고 넉넉하게 인심 쓰며 흥부처럼 살다가 가면 여한이 없는 좋은 삶을 살았다고 할 것이다.

18. 자기 자신을 귀히 여기고, 사랑하고, 겸손하라.

자신을 귀히 여기고 사랑하면, 생명의 중요성과 경외감이 솟아나서 미움, 시기, 질투, 증오 같은 부정적인 마인드는 저 멀리 도망가고, 그 자리에 9가지 성령의 열매(갈 5:22-23)가 주렁주렁 열린다. 우리가 예수 그리스도의 마음을 품고 살면, 우리의 마음이 그리스도의 마음을 닮아가 더욱 사랑하게 되고, 더욱 낮아지고, 더욱 겸손해진다. 겸손이 몸에 배면 얼굴에 항상 미소가 감돌고, 이로 인해 행복이 찾아온다.

19. 가능하면 자서전을 쓰도록 노력하라.

인간 정신의 산물은 자신의 삶에 대한 기록을 남기는 자서전이다. 다시 말해 자신의 변화와 지속성 같은 시간적 연쇄로 이루어진 자신만의 삶을 소재로 하는, 삶에 대한 솔직한 이야기를 말한다. 자기의 생애에 관한 줄거리를 가진 자기 진술 형식의 기록물인 바, 자기 삶의 발자취와 그동안 자신이 걸어온 인생의 흔적들을 고스란히 발견하게 될 뿐만 아니라, 자신의 지난 삶을 되돌아보는 거울이자 반사경이 되는 것이다.

20. 새로운 친구도 사귀고, 주어진 날들을 즐겁고 행복하게 지내도록 최선을 다하라.

돈이 재산이 아니라 사람이 재산이다. 세상은 즐기기 위해 나온 것이니, 살아 있는 동안 멋지게 즐기며 살아라.

"웃음을 네 입에, 즐거운 소리를 네 입술에 채우시리니"(욥 8:21).

"타인이 너를 칭찬하게 하고 네 입으로는 하지 말며 외인이 너를 칭찬하게 하고 네 입술로는 하지 말지니라"(잠 27:2).

"네가 누운즉 네 잠이 달리로다"(잠 3:24).

"네 손이 선을 베풀 힘이 있거든 마땅히 받을 자에게 베풀기를 아끼지 말며"(잠 3:27).

"범사에 감사하라"(살전 5:18).

"사랑하는 자여 네 영혼이 잘됨같이 네가 범사에 잘되고 강건하기를 내가 간구하노라"(요삼 1:2).

"모든 성경은 하나님의 감동으로 된 것으로 교훈과 책망과 바르게 함과 의로 교육하기에 유익하니 이는 하나님의 사람으로 온전하게 하며 모든 선한 일을 행할 능력을 갖추게 하려 함이라"(딤전 3:16-17).

"누구든지 자기의 유익을 구하지 말고 남의 유익을 구하라"(고전 10:24).

"우리 각 사람이 이웃을 기쁘게 하되 선을 이루고 덕을 세우도록 할지니라"(롬 15:2).

"서로 대접하기를 원망 없이 하고"(벧전 4:9).

"네가 네 손이 수고한 대로 먹을 것이라 네가 복되고 형통하리로다"(시 128:2).

"입과 혀를 지키는 자는 자기의 영혼을 환난에서 보전하느니라"(잠 21:23).

"무릇 더러운 말은 너희 입 밖에도 내지 말고 오직 덕을 세우는 데 소용되는 대로 선한 말을 하여 듣는 자들에게 은혜를 끼치게 하라"(엡 4:29).

"선을 행하고 선한 사업을 많이 하고 나누어주기를 좋아하며 너그러운 자가 되게 하라"(딤전 6:18).

"교만이 오면 욕도 오거니와 겸손한 자에게는 지혜가 있느니라"(잠 11:2).

"진실로 그는 거만한 자를 비웃으시며 겸손한 자에게 은혜를 베푸시나니"(잠 3:34).

"항상 기뻐하라"(살전 5:16).

당당하게 살자

1판 1쇄 인쇄 _ 2018년 2월 14일
1판 1쇄 발행 _ 2018년 2월 20일

지은이 _ 김고창
펴낸이 _ 이형규
펴낸곳 _ 쿰란출판사

주소 _ 서울특별시 종로구 이화장길 6
편집부 _ 745-1007, 745-1301~2, 747-1212, 743-1300
영업부 _ 747-1004, FAX 745-8490
본사평생전화번호 _ 0502-756-1004
홈페이지 _ http://www.qumran.co.kr
E-mail _ qrbooks@gmail.com / qrbooks@daum.net
한글인터넷주소 _ 쿰란, 쿰란출판사
등록 _ 제1-670호(1988.2.27)
책임교열 _ 이화정·오완

ⓒ 김고창 2018   ISBN 979-11-6143-089-8 03230

이 책의 수익금은 선교 기금과 불우이웃돕기 기금으로 사용됩니다.

책값은 뒤표지에 있습니다.
이 출판물은 저작권법에 의해 보호를 받는 저작물이므로 무단 복제할 수 없습니다.
파본(破本)은 구입처에서 교환해 드립니다.